Karl Napf

Brauchet Sie's glei?

Karl Napf

Brauchet Sie's glei?

Heitere Anekdoten
aus dem Ländle

Silberburg·Verlag

1. Auflage 2010

© 2010 by Silberburg-Verlag GmbH,
Schönbuchstraße 48, D-72074 Tübingen.
Alle Rechte vorbehalten.
Umschlaggestaltung: Anette Wenzel, Tübingen,
unter Verwendung einer Zeichnung
von Mechthild Schöllkopf-Horlacher.
Druck: Druck- und Medienzentrum, Gerlingen.
Printed in Germany.

ISBN 978-3-87407-994-5

Besuchen Sie uns im Internet
und entdecken Sie die Vielfalt unseres Verlagsprogramms:
www.silberburg.de

Inhalt

Genug getrauert   54

So was gibt's au   60

Horbiana   87

Vorwort

Einwanderungen aus aller Herren Länder, nicht zuletzt aus Nord- und Ostdeutschland, führen dazu, dass in der »Schwabenhauptstadt« Stuttgart nur noch 18 Prozent geborene Stuttgarter wohnen. Der Döner hat mit der Brezel gleichgezogen, und es gibt – unglaublich, aber wahr - Institute für lautreines Deutsch, wo Schwaben von ihrer Mundart befreit werden können. Dies sei ganz wichtig, wenn man Karriere machen will, beim Daimler sprächen ganze Abteilungen nur Englisch. Lediglich die Türken am Band würden die schwäbische Mundart im Zweifel besser verstehen als die Manager, aber manchmal auch nur mit Schwierigkeiten, Donnerwetter aber au.

Der Rundfunk, ohnehin mehr an Tönen aus USA und England interessiert, zog sich weitgehend aus der Mundart zurück. Die »Schwäbische Stunde« am Sonntag, ersatzlos gestrichen. Kein Oskar Müller mehr mit seinem feinen Humor. Häberle und Pfleiderer, Eugen Morlok, das Rundfunkfritzle – nur noch Rundfunkgeschichte. Walter Schultheiss und Trudel Wulle halten die Fahne der Mundart hoch, wie die Markgröninger im Mittelalter einst die Reichssturmfahne. Wo bleibt im Radio der Platz für den Nachwuchs?

Im Ländle strebt alles nach Weltniveau. Weltsprache Schwäbisch bleibt aber ein frommer Wunsch. Was die hohen Herren aus Hannover, Hamburg und Kiel, die hier Karriere machen, oft vergessen, ist, dass die zu betreuende Bevölkerung nicht zuletzt aus bodenständigen Menschen besteht, für die die Mundart akustische Seelennahrung ist.

Und deshalb lebt die Mundart wie eh und je. Viele Autoren schreiben sogar auf Schwäbisch, und zwar gehobene Texte. Trotz allen Unkenrufen ist und bleibt die schwäbische Mundart feiner, differenzierter, präziser, manchmal aber auch brutaler als andere Sprachen.

Dies kleine Buch zeigt am Beispiel von Anekdoten die Farbigkeit und Eigentümlichkeit des Lebens »im vormals württembergischen Landesteil« mit Ausflügen in das von vielen schon fast vergessene Südwürttemberg-Hohenzollern, den »vormals badischen Landesteil«, und das immer wieder neu zu entdeckende Hohenlohe. Zum Schluss wird in dem Kapitel »Horbiana« das jahrhundertelang vorderösterreichisch gewesene Horb beleuchtet, ein Biotop für besondere Menschen, das die moderne Zeit nur zögernd hereinlässt und mit viel Gemüt abzuwehren versteht.

Nordstetten, im Juli 2010
Karl Napf

Ehe, Liebe und so

Goldene Hochzeit

Was man hat, das hat man, lautet eine alte und erfolgreiche Regel. So dachte sich auch ein bejahrtes und bekanntes Ehepaar, das in der Zeitung stolz mit Bild seine goldene Hochzeit bekannt gab. Das Echo war groß, und Gratulationen und Geschenke kamen zuhauf.

Nur ein Schulkamerad des Jubilars wunderte sich und sagte zum goldenen Hochzeiter: »Sag au, mir hend doch em gleiche Johr gheirat, mir send doch erscht nächscht Johr so weit.«

»So gseh hoscht recht«, meinte dieser listig, »aber mir zählet die Hochzeit immer als ersten Hochzeitstag. Weischt, d' Lina kränkelt, ond wer weiß, wie alt mer werdet, ond so kriege mer auf älle Fäll no en Haufe Gschenk. Was mer hot, des hot mer, vrstohsch?«

Diamantene Hochzeit

Zum Erreichen der Diamantenen Hochzeit muss vieles zusammenkommen. Gesundheit, Ausdauer, Zähigkeit, Gutwilligkeit, Gutartigkeit, Nachsichtigkeit, Vergesslichkeit und, und, und. Vor allem eine aushäusige Lebensart schadet dem Erreichen des seltenen Jubiläums, das nach der »Sieben-Jahre-Regel« der bayerischen Politikerin Pauli schon fast der Zeit von neun modernen Ehen entspricht.

Ein Paar in einem Freudenstädter Teilort hatte es geschafft. Er war Eisenbahner gewesen und war ratlos ob der ständigen Verluste der Bundesbahn, bei der Reichsbahn hätten sie immer Gewinn gemacht. Seine Frau hatte ein Frauenleben geführt, wie es üblich war. Zwei Kinder hatten sie aufgezogen, ein paar Obstwiesen und Krautländer bewirtschaftet. Wichtig war ihr Humor, vor allem er war an Knitzheit kaum zu überbieten.

Dann kam der große Tag. Die Gratulanten stauten sich, und die Geschenke türmten sich. Von der Kirche war das Geschenk etwas zu klein, vom bankrotten Staat für die Verhältnisse dagegen eher etwas zu groß. Vereine, Verwandte, Nachbarn, alle, alle kamen, und es war ein Tag der Freude und Glückseligkeit für die beiden Alten.

Abends, als sich der letzte Gast verabschiedet hatte, nahm der sonst nicht zur Rührseligkeit neigende Jubilar seine Frau in den Arm, zeigte auf die vielen, vielen Geschenke und sprach feierlich: »Josfe, jetzt hot sich's schließlich doch no glohnt!«

Übertriebene Hygiene

Im Laufe der Jahre lockern und lockerten sich die Sitten überall, so auch in einem Städtchen am oberen Neckar. Es wurde kurz gesündigt und nachhaltig getratscht. Selbst die Heilberufe engagierten sich bei dieser erogenen Therapie, die es freilich noch immer nicht auf Krankenschein gibt. Während manche nur die Arzthelferinnen tauschten, wechselten manche als Intensivkur gar die Ehefrau.

Ein solcher Bösewicht war auch der Arzt eines altledigen Fräuleins in einem nahegelegenen Dorf. Als das Fräulein davon hörte, war sie empört und erklärte: »Mit dene Händ langt der mir nemme an mein Bauch«, wobei sie Charakterstärke bewies, aber auch eine gewisse Unkenntnis vom sündigen Geschäft.

Ökonomie, Ökologie und Liebe

In einem Hohenloher Dorf stellte Karl Napf mit Erstaunen fest, dass an einem Freitagabend um zwanzig Uhr noch eine standesamtliche Hochzeit anberaumt war. Als Erklärung hieß es, heiraten würde der reichste Bauer im Flecken. Freimütig gab er an: »Am Freitagobend, wenn i mit dem Gschäft fertig bin, dusch i sowieso, sonst muss i wege dem bissle Standesamt extra nomol dusche!« Bravo, kann man da nur sagen, da sind Ökonomie, Ökologie und Liebe optimal verbunden, was nicht jedem gelingt. Aus so einer Ehe kann etwas werden!

Erotische Korruption

Die richtige Partnerwahl ist immer eine Entscheidung höchster Priorität im Leben und kommt nicht nur für die Reutlinger gleich nach dem Geld.

So kam auch ein junger Lehrer aus Freudenstadt in größte Versuchung, als eine junge Schwarzwälderin zu ihren sichtbaren Vorzügen noch zusätzlich ins Feld führte, sie habe fei vierzigtausend Mark auf dem Büchle, ohne den Wald. Dabei muss man wissen, dass der Wald im Schwarzwald noch immer einen besonderen Stellenwert hat und in manchen Jahren sogar Erträge bringt.

Der Freudenstädter blieb standhaft, was bei seiner besitzorientierten Umgebung etwas heißen will, und heiratete ein Flüchtlingsmädle »von drüben«, das überhaupt nichts mit in die Ehe brachte, was im ganzen Umkreis als Beweis gewertet wurde, dass die Liebe den Verstand verwirrt.

Zärtlichkeit auf dem Lande

Horb war bis in die Siebzigerjahre Kreisstadt, hatte ein Landratsamt und einen Landrat und viele interessante und skurrile Beamte. Der Landrat war ein Weltmann und Grandseigneur, zu dem es gepasst hätte, morgens zu Pferd in das Landratsamt einzureiten. So war er ein rechtes Gegenbild zu manchen seiner Bürgermeister, vor allem der Bauraschultes.

Nach einer Sitzung verabschiedete er sich bei einem dieser Bauchjuristen, von dem es hieß, seine Frau sei schwer krank. Der Schultes war schon schwer vom »Andechser Gfühl« gezeichnet, das heißt, er hatte die Sitzung erheblich »verflüssigt«.

Höflich fragte der weltläufige Landrat: »Wie geht es auch der Frau Gemahlin?«, und erhielt kaum verständlich die Antwort: »Isch doch mir scheißegal!«

Brauchet Sie's glei?

Viagra kauft der Horber in Böblingen, Tübingen oder Stuttgart, jedenfalls da, wo man ihn nicht kennt. In Unkenntnis dieser Gepflogenheiten und im Vertrauen auf die Diskretion der Heilberufe ging ein Horber dennoch in eine Apotheke der Kernstadt und schob leicht errötend sein Rezept über den Ladentisch. Auch die Apothekenhelferin errötete leicht, sah den Kunden forschend an und fragte: »Brauchet Sie's glei?«, was diesen noch mehr durcheinanderbrachte. »Ja, wie meinet Sie des?«, fragte er etwas hilflos, doch die Antwort der Apothekengehilfin beruhigte ihn. »Ha, i mein, heut oder morgen. Ob mer's bstelle kann, des hat in Horb no niemand braucht.« Der Kunde war erleichtert und erklärte: »Bstellet Sie's no, i brauch's erst am Wochenende!«

Schinken und Schinken ist zweierlei

In der schweren Zeit nach dem Krieg, die die meisten nur noch vom Hörensagen kennen, fuhr ein Bauer mit der Gäubahn von Eutingen nach Stuttgart und packte während der Fahrt einen Schwarzwälder Schinken aus, den er zu Streifen schnitt und mit etwas Brot genüsslich verzehrte. Dazu nahm er immer wieder einen Schluck Zwetschgenwasser. Er demonstrierte seine Zufriedenheit und sagte zu einem gegenübersitzenden, recht halbseiden wirkenden Fräulein: »Mer tät's net, wenn mer's net hätt.« Doch diese packte zu seinem Erstaunen ebenfalls ein ordentliches Stück Schwarzwälder Geräuchertes aus, blickte ihn vielsagend an und meinte: »Mer hätt's net, wenn mer's net tät.«

Individuelles Paradies

Immanuel Kant, noch immer der größte Philosoph Deutschlands, sagte einmal, die Erinnerung sei das einzige Paradies, aus dem der Mensch nicht vertrieben werden könne. Dies zeigte sich auch bei der »heiligen Anna«, einem ledigen Fräulein in einem kleinen Dorf am Rande des Schwarzwaldes. Ihr Bett war »sauber geblieben«, obwohl sie nicht ohne Sehnsucht nach den Mannsleuten war.

Im Krieg, der allenthalben die Sitten gelockert hatte, wäre es auch fast zu etwas gekommen. Ein französischer Kriegsgefangener saß mit ihr auf dem Bänkle hinter dem Haus und rückte ihr immer näher bis zum Fußkontakt, als der Bauer aus der Tür kam und das Vergnügen aus war.

Der Krieg ging zu Ende, der Franzose heim, und Anna blieb allein mit einem vermeintlich schlechten Gewissen. Sie beichtete und erhielt unschwer die Absolution. Doch der Vorgang ging ihr nicht aus dem Sinn. Sie beichtete wiederum diesen so verheißungsvollen Vorgang und erhielt erneut Absolution, doch der Pfarrer fügte leise hinzu: »Ich habe dir doch schon einmal Absolution gegeben, lass es doch gut sein.« Leise flüsterte Anna zurück: »I woiß, i woiß, aber i denk halt so gern dra!«

Meiner lebt no

Der Besuch der Wochenmärkte in Stadt und Land ist ein althergebrachtes Vergnügen, vor allem für Hausfrauen. Das Schwätzle mit Bekannten ist dabei mindestens genauso nötig wie der günstige Einkauf frischer Ware. Coole junge Menschen würden dies, was doch so wichtig für das Seelenleben ist, vielleicht abschätzig als »updating von Klatsch und Tratsch« bezeichnen. So unterhielten sich auf dem Tübinger Wochenmarkt angeregt zwei Frauen, von denen die ältere schon verwitwet war, als es »zwölfe« läutete. Auf dieses Signal meinte die jüngere der beiden, leicht resigniert: »Scho zwelfe, no sott i hoim ond koche, meiner lebt ja no«.

»Grad eba«

Zu den absonderlichen Kriterien des früheren Scheidungsrechtes gehörte die Feststellung des letzten ehelichen Verkehrs. Dieser mit strenger Miene vorgetragenen Frage eines Richters sah sich auch ein scheidungswilliges Paar am Landgericht Rottweil ausgesetzt. Die Antwort war Schweigen. Der Richter klopfte nervös und fordernd zugleich auf die Brüstung vor sich, doch die einzige Reaktion, die er hervorrief, war, dass die Frau tief errötete. Der Scheidungskandidat selbst druckste herum, gab sich dann aber einen Ruck und sagte leise, aber vernehmbar: »Grad eba.«

»Was?«, fragte der Richter ungläubig und ärgerlich zugleich, »ich habe gar nichts gesehen, wir sind hier vor Gericht!« Worauf der Nochehemann mit matter Stimme ergänzte: »Net hier, auf em Abort drunta!« So wurde die Ehe nicht geschieden, wozu auch?

Dorfschulmeister und andere

Das gmähte Wiesle

Schulrat ist ein Beruf, der nicht unangefochten ist. Viele Lehrer glauben, ohne ihn auszukommen, und ganz ist das auch nicht von der Hand zu weisen. Um Urkunden zu überreichen, müsste eigentlich der Schulleiter reichen, der auch die Qualität des Unterrichts am besten beurteilen können sollte. Aber solches Denken gefährdet die Strukturen des öffentlichen Dienstes und übersieht zudem, was ein Schulrat oft außerdem noch kann.

Ein Horber Schulrat traf einmal in einem Dorf einen weitläufig verwandten Rentner, der ihn bat, eine Wiese neben der Schule zu mähen, da es ihm doch allmählich schwerfalle. Der wackere Schulrat betrachtete dies als Frühsport, mähte die Wiese und lud die Mahd auf einen Leiterwagen. Der Rentner bedankte sich überschwänglich, und der Schulrat ging in die Schule mit dem schönen Gefühl, schon etwas geleistet zu haben. Was er nicht wusste, war, dass dem knitzen Mann die Wiese gar nicht gehörte und er die Mahd auch noch an den Farrenstall verkaufte.

Wenn das kei gmäht's Wiesle war.

So, so!

Was auf dem Dorf viele schätzen, ist eine Überschaubarkeit, die manchem Halt und Orientierung bietet, anderen die Anonymität raubt, die man in der Stadt schätzt.

Ein wichtiger Umschlagplatz für Nachrichten ist dabei die Schule. Wüssten die Eltern, was ihre Kinder so daherplappern, würde es manchen angst und bang.

Eines Tages fragte eine Lehrerin das Kind eines Daimlerarbeiters, der gerade ein Familienheim errichtete, ob sein Papa immer noch krank sei, und erhielt die erstaunliche Antwort: »Nei, jetzt macht er no den Keller, und dann goht er wieder ins Gschäft!«

Der Leser merkt unschwer, dass sich diese Anekdote lange vor der Wirtschafts- und Finanzkrise ereignet hat.

Und darauf kam es an

Ein Beamter aus der Rottweiler Gegend kruschtelte einmal auf der Bühne seines Elternhauses und fand durch Zufall die Zeugnisse seiner Eltern aus ihrer Volksschulzeit. Mit Verwunderung stellte er fest, dass sein hochintelligenter Vater stets schlechtere Noten hatte als seine Mutter, die einen sehr guten Charakter, aber wenig intellektuelle Bedürfnisse hatte. Da der Vater schon tot war, fragte er die Mutter, wie sich dieses Phänomen erklärte. Zu seinem Erstaunen erzählte ihm die Mutter mit hoch erhobenem Haupt: »Ich bin halt eine geborene Lipp und mein Vater war der reichste Bauer im Dorf, da hat der Lehrer schon Respekt gehabt ...!«

Lob der Trägheit

Deutschlands edelster Dichter Friedrich Hölderlin behauptet in einem Gedicht, die Deutschen seien tatenarm und gedankenvoll. Richtig ist aber, dass sie einmal tatenvoll und gedankenarm waren, woran wir noch heute leiden.

Die Armut an Taten, die Trägheit, verhindert Übereilung und dadurch »Nachbesserungen«, einen Begriff, den es früher nicht gab. »No net hudle«, lautet daher eine bewährte schwäbische Weisheit. In Reinkultur kam die Trägheit bei einer Grundschülerin zum Ausdruck, die, an die Tafel gerufen, bähmullig erklärte: »Wenn i no au wellt.«

Hosch du au a Katz?

Vor lauter Statistiken, Pisa hin und Pisa her, vergisst man oft, dass schon die kleinsten Schüler eine Seele haben, und oft sogar ein von den Eltern, dem Fernsehen und von Computerspielen noch nicht zerstörtes zartes Gemüt. Ein solches naives Landkind kam nach der Grundschule in das Gymnasium in der Kreisstadt und war von der ungewohnten Kälte und Nüchternheit im Unterricht sehr betroffen und recht verzweifelt. Um ein Band mit dem Herrn Studienrat herzustellen, zupfte es schließlich diesen mitten im Diktat am Arm und fragte ihn treuherzig: »Hosch du au a Katz?«

Der Herr Studienrat jedoch hatte keine Katze und war – wie könnte es auch anders sein – recht ungehalten über diese Störung.

Halle

Kinderseelen sind empfindlich und bedürfen der Anerkennung. Besonders schwer hatten es Kinder aus dem Osten oder heute vor allem Kinder aus Migrantenfamilien. Niemand im Dorf ist mit ihnen verwandt, keiner in der Familie hat ein Haus oder eine berufliche Stellung, auf die ein Kind hätte stolz sein können. Manche Kinder setzen sich dennoch mit einem gesunden Selbstvertrauen oder Vitalität und angeborener Heiterkeit durch. Schwer tun sich beim kindlichen »ranking« sensible Seelen, wie ein kleiner Bub, der mit seiner Familie aus Halle in das schöne Land am Neckar gekommen war, wo jeder etwas hatte und jeder etwas war. Auf einem Wandertag seiner Klasse passierten sie eine Brücke, unter der ein endlos langer Güterzug fuhr. »Der fährt nach Halle«, rief er laut, »da komme ich her, nach Halle fahren die längsten Güterzüge, die es gibt.« Die Lehrerin, die ahnte, dass der Zug eher nach Kornwestheim fuhr, machte mit und bestärkte den kleinen Hallenser mit den Worten: »Die langen Züge alle fahren durch bis Halle, das weiß man ja!«

Musik mit beschränkter Hochachtung

Es ist unglaublich, womit Bürger ihre Politiker in ihren Sprechstunden behelligen, um nicht zu sagen belästigen. Dies kann andererseits als gerechte Strafe dafür angesehen werden, mit solchen »Bedarfsweckungsaktionen« über Land zu ziehen. Manchmal aber ist es geradezu kurios, mit welchen

Problemen manche Bürger auf ihre Abgeordneten zukommen. Da sucht einer Rat wegen der Schizophrenie seiner Frau, ein anderer möchte gegen Gerichtsurteile vorgehen, die seit dreißig Jahren rechtskräftig sind. Immerhin hat es den Ratsuchenden möglicherweise doch gutgetan, über ihr Leid klagen zu können, was ja auch gut ist.

Ein interessanter Besucher so einer Bürgersprechstunde war im Schwarzwald einmal ein Akkordeonlehrer einer Musikschule, der sich beim Politiker beklagte, das Akkordeon habe in Deutschland zu wenig Ansehen, der Deutsche liebe das Akkordeonspiel vor allem dann, wenn er betrunken sei, und fügte hinzu: »Geben Sie es zu, Herr Staatssekretär, und setzen Sie sich für den Stellenwert des Akkordeons ein!« Der Politiker fühlte sich doch etwas überfordert und sagte dann höflich: »Stellen Sie mir die ganze Problematik doch noch einmal schriftlich dar, ich werde dann überlegen, was zu tun ist.«

Es kam natürlich nichts, und es geschah auch nichts, und so geht es gar oft, viel zu oft.

Hilfslehrer Flocki

Die gute, alte Zeit zeichnete sich nicht nur durch Not und Mühe aus, sondern, wenn man an der richtigen Stelle saß, auch durch ein hohes Maß an Muße und großem, oft erzwungenem Respekt von unten nach oben.

So wurde Karl Napf berichtet, dass in einem Dorf bei Horb noch in den Dreißigerjahren des letzten Jahrhunderts ein Lehrer im Unterricht seinen Rausch ausschlafen durfte. Dieser brachte sein Hundle, einen weißen Spitz mit dem schönen Namen Flocki, mit in die Klasse, und sagte, bevor er hinter dem »Schwarzwälder Boten« verschwand: »Jetzt molet amol den Flocki, aber sauber!«

Fleißig malten dann die Kinder, bis das Schellen den Flocki, den Lehrer und die Klasse erlöste.

Zeugnissingen

Zu den Schrecken der Schulzeit gehört für viele noch nach Jahrzehnten das Zeugnissingen. Dabei gab es in den Fünfzigerjahren Lieder zu hören, die zeigten, dass die Welt nicht heil, aber doch anders war. Der beste Sänger war in Napfs Klasse der Sohn des Briefträgers, der – gestützt auf eigene Anschauung – mit Überzeugung schmetterte: »An meiner Ziege, da habe ich Freude, 's ist ein wunderschönes Tier. Haare hat sie wie aus Seide, Hörner hat sie wie ein Stier.« Ein Bauernsohn sang damals noch wahrheitsgemäß: »Im Märzen der Bauer sein Rösslein einspannt«, und so wusste jeder ein Liedle, möglichst mit Bezug zum Beruf des Vaters. Bei Napfs Nebensitzer aber stockte das Potpourri. Er behauptete, er kenne kein Lied und habe auch noch nie eines gesungen. Der Musiklehrer war entsetzt und begann Brücken zu bauen: »Sing doch einfach etwas, was deine Eltern singen, wenn sie fröhlich sind.« Da erhellte sich die Miene des Buben und fröhlich intonierte er: »Wir versaufen unser Oma ihr klein Häuschen …«

Die Herren der Scholle

Falscher Alarm

Doktor Dietz, ein Arzt in Hohenlohe, erhielt eines Tages einen Anruf, eigentlich einen Notschrei, er solle sofort zu einem Landwirt kommen, dessen Töchterle schon 41 Grad Fieber habe. Er ließ in der Praxis alles stehen und liegen, setzte sich in seinen alten Daimler und raste zum Aussiedlerhof, von dem der Anruf gekommen war.

Dort wunderte er sich, dass das todkranke kleine Mädchen seelenruhig auf der Treppe spielte und alles einen ruhigen Eindruck machte. Auf das Quietschen der Bremsen kam die Bäuerin heraus und entschuldigte sich verlegen. Sie hätten zuerst bei der Sau Fieber gemessen, weil diese so unruhig gewesen sei, und vor dem Messen bei der Tochter das Fieberthermometer versehentlich nicht runtergeschlagen. Es sei alles in Ordnung.

»No isch's jo recht«, sagte der Doktor und fuhr halb belustigt, halb sauer wieder heim.

Hoscht scho ghört?

Der Bauernstand konnte früher seiner Bedeutung sicher sein und war entsprechend stolz. Heute sind die Bauern nur ein ganz kleiner Bestandteil der Bevölkerung und nicht mehr die alleinigen Garanten der Volksernährung. Dennoch hat sich der eine oder andere ein gutes Selbstbewusstsein bewahrt, waren die Bauern doch einst fast autark gewesen.

So ein Bauer lebte in Württembergisch-Franken. Er hatte sieben Kinder und ärgerte sich, dass er wegen deren Krankheiten immer wieder den Doktor aus der Stadt brauchte, weil er von Studierten wenig hielt. Als dieser wieder einmal wegen der an Masern erkrankten Tochter in der Krankenstube war, lachte der Bauer plötzlich laut und anhaltend. Vom Doktor gerügt, was es da zu lachen gäbe, sein Kind sei schwer krank, erklärte der Hofbesitzer wenig christlich, aber ehrlich, er habe sich nur vorgestellt, eines Tages werde es heißen: »Hoscht scho ghört, der Doktor Dietz ischt gschtorbe.«

Keiner will meh schaffe

Damen der Scholle hat es nie gegeben, wie der Begriff »Dame« in Württemberg ohnehin a Gschmäckle hat. Auf dem Acker kann man Stöckelschuhe und Handtäschle nicht brauchen. Die Bäuerin musste zumindest früher genauso zäh und belastbar sein wie der Bauer, und trotzdem hieß es: »Frauen sterben, ist kein Verderben, aber Gäul verrecke, des isch a Schrecke!« Die ganze Familie, vom Kind bis zu den Großeltern, wurde zur Arbeit herangezogen, wie es das Bild von Theodor Schüz, »Mittagsgebet bei der Ernte«, in idyllisierender Weise zeigt. In der Landwirtschaft gab es keine Arbeitslosigkeit. Wer arbeitsfähig war, hatte auch zu tun. Der Verdienst war oft aber mehr als gering, und die Mägde und Knechte lebten weit unter den Hartz-IV-Sätzen von heute.

Die Härte der Feldarbeit vor der Mechanisierung ist heute kaum vorstellbar und kennzeichnend ist, dass den Frauen nicht einmal für das »kleine Geschäft« eine kurze Pause vergönnt war und dazu die Stehbrunzhose Abhilfe bieten musste.

Wen wundert's, dass Anfang der Fünfzigerjahre die Landflucht im großen Stil einsetzte und eine Altbäuerin dies mit dem Ausruf kommentierte: »Keiner will meh schaffe, älles saut ens Gschäft!«

Droben ist meine Heimat

Kleine Krankenhäuser haben ihren Charme. Die Pflege ist meist sehr gut, der Pflegesatz preiswert, oft aber ist die medizinische Ausstattung sehr steigerungsfähig und das Gejammer der betriebswirtschaftlich ausgerichteten Verwaltung sehr hoch. Perlen von Heilstätten wie Dornhan oder Alpirsbach sind daher schon seit Jahrzehnten geschlossen und das Horber Krankenhaus seit langem vom Rotstift umzingelt.

Dort hatte Karl Napf vor ein paar Jahren ein eindrückliches Erlebnis, das ihm lange nachging. Er lag wegen Herzbeschwerden auf der Intensivstation, als gegen Mitternacht aus einer benachbarten Schwarzwaldgemeinde eine einhundertundzwei Jahre alte Bäuerin hereingeschoben wurde. Diese sang unaufhörlich das Kirchenlied »Droben ist meine Heimat«. Er war fest verdrahtet und verkabelt, und es gab kein Entrinnen. Er hoffte, dass dieses Ziel für ihn noch Zeit habe, und dachte für sich: Man kann in der Intensivstation viel lernen, wichtig ist, dass man lebend wieder herauskommt und die Restlaufzeit bewusster angeht.

Heiratsregeln auf dem Lande

Nicht die Menschen heiraten, sondern die Äcker, war eine ländliche Weisheit, wohl bis zur Mechanisierung der Landwirtschaft nach dem Zweiten Weltkrieg. Ebenso die Erziehungsregel für den heranwachsenden Sohn: »Pass bloß auf, Liebe vergeht, aber a Hektar besteht.« Weiß man, dass der württembergische Bauer oft nur fünf bis sechs Hektar zu bewirtschaften hatte, wird die Notwendigkeit solchen Denkens deutlich. Hier wird bei aller Ironisierung die Härte des bäuerlich-ländlichen Lebens sehr spürbar. Schöne Gefühle brachten in der Landwirtschaft nichts und störten nur den Ablauf des Betriebes.

Ganz hart wird es, wenn man auf der Ostalb hört, wie der Vater zum Sohn sagt: »Wenn die Braut en Buckel hat, des macht nex, Hauptsach, ihre Äcker send ebe!«

Da scheint die Behauptung von Karl Napf richtig, die Liebesehe sei in Württemberg auf dem Dorf erst durch die Flurbereinigung möglich geworden!

Armer Hund

Das menschliche Elend wird im deutschen Fernsehen vor allem in Berichten über Afrika und Asien gezeigt. Dabei könnte es ohne Mühe auch in europäischen Städten und Dörfern und selbstverständlich auch in Deutschland und nicht nur im Osten dargestellt werden. Je weiter entfernt die Not aber vorgeführt wird, desto mehr lässt sie den Durchschnittsbetrachter kalt und stört seinen Seelenfrieden nicht.

Bei uns zum Beispiel hätte man einen Bauern sehen können, dessen Frau den kargen Lebensumständen ihrer Kleinbauernexistenz entfloh und ihn mit ihrem kleinen Buben und dem alten Hund zurückließ. Sein Leben war gewiss kein Schleckhafen, doch er verzagte nicht und wurde gar zu einem Original im Dorf.

Als der Autor einmal von ihm eine Ladung Deckreis geliefert bekam und fragte, was dieses koste, erhielt er die Antwort: »Für Sie nichts, aber ich würde mich freuen, wenn Sie bei meiner Beerdigung mitgingen.«

Integration per Handschlag

Eine zugewanderte Lehrerin aus dem Norden hatte an ihrem Auto noch eine gewisse Zeit ihre norddeutsche Autonummer: NI. Ein alter Bauer fragte sie deshalb, woher sie komme, und sie erklärte ihm, sie komme aus Nienburg an der Weser, habe in Reutlingen studiert und sei jetzt hier im Dorf Lehrerin.

»So«, meinte der fröhliche Landmann, klopfte ihr aufs Gesäß und meinte: »Na bleibet Se halt do!«

Da lächelt Justitia

Wenn das Blut kocht

Die »Kindlesprozess«, das heißt Vaterschaftsprozesse an den Amtsgerichten, dürfte nicht nur Karl Napf in schlechter Erinnerung haben. Blutgruppengutachten und erbbiologische Gutachten wurden erst spät durch den DNA-Nachweis abgelöst. Die Kämpfe der Parteien um die Vaterschaft ließen Zweifel aufkommen, ob bei der Zeugung eines Kindes auch ein göttlicher Wille mitspielt oder nur eine Ungeschicklichkeit der Eltern.

Als ein Amtsrichter im Schwarzwald der klagenden Kindsmutter, die in Miniminirock und engem Pulli erschienen war, Vorhaltungen wegen ihrer vier unehelichen Kinder machte, rief diese: »Sie haben ja keine Ahnung, wie es ist, wenn das Blut kocht.« Sie rutschte auf die Richterbank – wobei es dem Amtsrichter schon angst wurde, weil der Miniminirock noch höher rutschte – und betonte noch einmal: »Die Justiz hat vom Leben keine Ahnung!«, womit sie auch recht haben dürfte.

Freiberufler haben nachts Zeit

Zeuge bei einem langwierigen Bauprozess zu sein, kann eine tagelange entnervende Angelegenheit darstellen, die höchst mager entgolten wird. Freiberufler, die keinen Stundenlohn haben und für die Zeit Geld ist, tun sich als Zeugen besonders schwer.

Entsetzt war daher ein Architekt, dessen Antrag auf Zeugengeld von einem Amtsgericht am oberen Neckar mit der Begründung abgelehnt wurde, Freiberufler könnten die ausgefallene Zeit unschwer nachts oder am Wochenende nachholen. Eine Entscheidung, die sich in ganz Deutschland herumsprach und je nach Mentalität Wut oder Gelächter hervorrief und wieder bewies, dass die Justizverwaltung die sparsamste von allen ist.

Not macht erfinderisch

Die Nachkriegszeit ist den meisten Deutschen nur noch aus dem Fernsehen bekannt. Diese Zeit lehrte nicht nur das Ährenlesen, das Hamstern und den Schwarzhandel, sondern auch pragmatische Anwendung des Rechts. Ein Musterfall dafür ergab sich 1946 in Harthausen auf den Fildern.

Eine Flüchtlingsfrau aus Schlesien beschwerte sich damals beim Bürgermeister, man habe ihr nachts das ganze mühsam im Wald gesammelte Brennholz gestohlen. Hilflos fragte sie, was sie jetzt machen solle. Der Schultes überlegte lange und sagte dann leise zu ihr: »Dann machen Sie es halt genauso!«

Die ausgleichende Gerechtigkeit

Das Bild des Richters ist in Deutschland vor allem vom Dorfrichter Adam in Kleists »Zerbrochenem Krug« geprägt worden. Für die Bayern tritt das Idyll des königlich bayerischen Amtsrichters hinzu, und im alten Württemberg der fast vergessene Amtsrichter Dodel in Blaubeuren, also alles sehr menschliche Richter. Einen solchen fand Karl Napf auch am oberen Neckar. Dieser war schon im Ruhestand und sah mit Entsetzen, wie ein türkischer Jugendlicher aus seinem Dorf von einem Kollegen zu dreißig Tagessätzen beziehungsweise 900 Euro verurteilt worden war, obwohl das Delikt nicht das gravierendste war.

Dem Richterpensionär war klar, dass der Verurteilte diesen Betrag nie aufbringen konnte. Weder der Verurteilte noch seine Familie, die in der Nachbarschaft des Richters wohnte, wären dazu trotz ihrer Tüchtigkeit in der Lage gewesen. Es erschien ihm darum unabwendbar, dass der junge Mann ins Gefängnis musste.

Es geschah dann aber etwas Seltenes, etwas sehr Seltenes. Der Richter, ein alter Junggeselle, der seine Pension trotz großer globaler Reisen nicht aufbrauchen konnte, gab dem jungen Mann das benötigte Geld und hatte nur einen ganz kleinen unkeuschen Hintergedanken. Vom Gefängnis aus hätte der Delinquent nicht mehr wie bisher seinen großen Rasen im Garten mähen können.

Das Jüngste Gericht

Das Amtsgericht Haigerloch war ein Hort bürgernaher Rechtsprechung. Dennoch konnte es auch hier sehr ernst zugehen, wenn die Parteien sich partout nicht einigen wollten, die Mittagszeit herannahte und der Magen des Richters dezent knurrte.

So war es, als sich einmal zwischen zwei Empfinger Bauern keine Einigung abzeichnete, vielmehr die Sitzung in gegenseitigen Beleidigungen ihrer ganzen Sippen auszuarten drohte.

Was tun, sprach Zeus. Im Grunde ist es ja ohnehin gleichgültig, wer von diesen Streithammeln recht behält. In absehbarer Zeit sehe ich die beiden eh wieder. Den jetzigen Kläger als Beklagten und umgekehrt. So dachte sich der Richter. Er wünschte sich, was wohl schon manchem Richter in den Kopf gekommen ist, den ganzen Prozess auf den Jüngsten Tag zu vertagen. Das war das Stichwort. Er bat die Prozessparteien ans Fenster und sprach mit salbungsvoller Stimme: »Seht ihr die Kastanien vor dem Haus?«

»Jo, warum?«, fragten die Bauern.

»Weil ihr«, erklärte der unkonventionelle, aber erfolgreiche Richter, »am Jüngsten Tag an diesen Bäumen hängen werdet, wenn ihr euch jetzt nicht einigt!«, und verdutzt gaben die Streithähne nach. In Haigerloch war so etwas noch möglich.

Konfessionen und Konfusionen

Der schmale Weg

Wer Württemberg verstehen will, wie es ist, muss sich mit dem Pietismus befassen. Als Schnellkurs diene die Lehre vom breiten und vom schmalen Weg, wie sie von der Esslingerin Charlotte Reihlen im 19. Jahrhundert zu Papier gebracht wurde und als Farbdruck noch in vielen württembergischen Haushalten vorhanden ist.

Der breite Weg ist symbolisiert durch das, was man heute als »fun«, damals als »Luscht« verteufelte, wie das Wirtshaus und die Kultur, zum Beispiel Theater, Museen, um von ganz, ganz bösen Dingen gar nicht zu sprechen. Der breite Weg führt natürlich ins Verderben.

Der schmale Weg hingegen ist steil und unwegsam, führt aber ins Paradies.

Das war der rechte geistige Überbau für ein armes, geschundenes Volk, dem das Vergnügen als Sünde geschildert wurde, damit es ja nicht merkt, was ihm vorenthalten wird. So erzeugt man fleißige, willige Staatsbürger, die die Zähne zusammenbeißen, wenn es hart wird.

Der pietistische Sündenwurm macht noch vielen Württembergern zu schaffen und soll auch bei Thaddäus Troll noch sehr wirksam gewesen sein. Völlig perplex war aber ein norddeutscher Psychiater, der einem Patienten die Diagnose stellte, er leide unter Depressionen. »A wa«, meinte der, »i gang halt den schmale Weg.«

Betroffen war auch Karl Napf, der bei einer Versammlung vor Kollegen und Vorgesetzten tollkühn über den breiten und den schmalen Weg in der Politik, vor allem bei den Finanzen »gepredigt« hatte. Ein dem Alkohol sehr zugeneigter Referent verabschiedete sich lächelnd bei ihm mit den Worten: »Ich gehe den breiten Weg!« Wenige Wochen danach starb er.

Toleranz

Ein Beweis, wie der Klerus auf dem Lande sein kann, lieferte der katholische Stadtpfarrer eines Städtchens im Albvorland bei der Einweihung eines Kindergartens. Er hatte längst resigniert und sah die Dinge nicht mehr so, wie es die Kirche gern gehabt hätte, sondern wie sie tatsächlich waren. Bei der Eröffnung eines katholischen Kindergartens in seiner Gemeinde sprach er denkwürdige Worte und sagte sinngemäß: »Ich eröffne den katholischen Kindergarten St. Sebastian für fünf kleine Muslime, sieben evangelische Mädchen und Buben, drei atheistische Kinder und auch fünf kleine Katholiken.«

Kompliment! So hätten es auch die großen Aufklärer wie Gotthold Ephraim Lessing oder der aufgeklärte Bischof Wessenberg in Konstanz nicht besser gekonnt.

Sehr schwierig

Evangelische Pfarrer gehen selten fröhlich in den Ruhestand. Manchmal schützt aber etwas Abstand zum eigenen Beruf und Ironie davor zu resignieren.

So erklärte ein Schwarzwälder Pfarrer den Schwund in der Kirche mit der Tatsache, dass zum Christentum eben ein gewisses Niveau notwendig sei. Auch könne man es nicht allen Menschen recht machen. Er zitierte eine Karikatur, auf der drei alte Männer vor der Kirche saßen. Der eine erklärte, er möge die Gebete nicht, der zweite das Gesinge und der dritte gar die Pfarrer. Der Untertitel lautete: Die Kirche muss sich was einfallen lassen.

Vielleicht Minigolf?

Die Nagelprobe

Aus der Achtundsechzigerzeit berichten noch manche, dass häufig abends oder gar nachts wildfremde Menschen klingelten. Es waren aber nicht Polizisten, sondern Gesinnungsfreunde der aufsässigen Studenten, die ein Nachtquartier brauchten.

Solitär ist die Geschichte eines unpolitischen Studenten, der damals auf der Suche nach einer Bleibe an einem Sonntagabend durch Tübingen lief, weil er nicht genug Geld für ein Gasthauszimmer hatte.

Schließlich kam er an einem ebenerdigen Zimmer vorbei, in dem ein Student noch am Schreibtisch saß und unter der Lampe lernte.

Der unbehauste Student klopfte ans Fenster, und der behauste, unwillig wegen der Unterbrechung, öffnete es.

Es entspann sich ein interessanter Dialog, der mit den Worten des Unbehausten begann: »Ich habe ein Problem. Ich habe keine Bude und dachte mir, solange Sie am Schreibtisch sitzen, könnte ich doch Ihr Bett benutzen?«

»So, meinen Sie, und wenn ich nicht mehr am Schreibtisch sitze?«

»Dann sehen wir erst mal weiter. Sie sind doch Theologe, wie ich an Ihren Büchern sehe, da kann man doch etwas Nächstenliebe erwarten.«

»Da könnt ja jeder kommen«, war die Antwort, »womöglich sind Sie polizeilich gesucht.«

Die Stimmen wurden immer lauter, und Passanten blieben stehen.

Der Unbehauste machte einen letzten Versuch und rief: »In der Bibel war man nicht so pingelig, und für Ihr Examen sehe ich schwarz.«

Der Theologe griff nach dem Telefon und schrie: »Unglaublich, hauen Sie ab!«

Was der Unbehauste auch tat und bei sich dachte: »Merkwürdig, für Freunde der Revolution geht jede Tür auf, für Freunde der Bibel nicht einmal die von Theologen.«

Das heilige Korntal

Korntal wurde zu Beginn des 19. Jahrhunderts vor den Toren Stuttgarts gegründet und sollte eine pietistische Hochburg, eine wahre Jesusgemeinde, werden. Noch heute ist die Brüdergemeinde ein wichtiger Faktor in Korntal.

Interessant ist, mit welchen Privilegien die Brudergemeinde im 19. Jahrhundert vom württembergischen Staat ausgestattet wurde: kein Wehrdienst, keine Eidespflicht vor Gericht und, heute vielleicht am interessantesten, kein Privateigentum an Grund und Boden – außer an den Weinbergen! Korntal scheint vor zweihundert Jahren vom Geist des Häuptlings Seattle beeinflusst gewesen zu sein. Auch der große Erforscher unserer unwirtlichen Städte, Alexander Mitscherlich, wäre begeistert gewesen, sah er doch den privaten Grundbesitz in den Städten als Hauptproblem für eine gedeihliche Entwicklung in Stadtregionen an.

So modern die Ordnung von Grund und Boden erscheint, so hätten Mitscherlich und andere andererseits wenig Freude an der Moral in Korntal auf anderen Gebieten gehabt. Ein Korntaler Lehrer sprach sich noch in den Fünfzigerjahren gegen die Tanzstunde seiner Schüler mit den Worten aus: »Ich bin nicht gegen das Tanzen, halt gegen das Tanzen zu zweit!«

Aus dieser Ecke kam auch der Widerstand gegen das berühmte Stuttgarter Ballett mit dem Bekenntnis: »Wir lieben keine tanzenden Männer!« Der Pietist schiebt die Freuden des Daseins halt gern ins Jenseits.

Schwäbisch Nazareth-Gmünd

Als schwäbisches Nazareth und Pendant zu Korntal für Katholiken gilt Schwäbisch Gmünd. Nicht nur wegen bedeutender und schöner Sakralbauten. Die Anzahl der Kirchenbesucher ist nicht so hoch wie in Ellwangen, aber man ist fest im Glauben und dabei auch sehr konkret in der Verfolgung weltlicher Ziele.

Ein Meister dieser gedeihlichen Lebensart war ein früherer Landtagspräsident aus Gmünd, dem die Lebenslust aus allen Knöpfen quoll, und der es mit überschaubarer Begabung maximal weit gebracht hatte. So merkwürdig es klingt, der Katholik scheint noch heute besser mit der Sünde zurechtzukommen als der Protestant. Die Querschädel in Politik und Verwaltung in der Vergangenheit und Gegenwart waren in Stuttgart fast alles Protestanten.

Der Katholik weiß gewissermaßen, was lässliche Sünden sind und was unerlässliche, kennt doch seine Kirche den Menschen schon 1500 Jahre länger als die evangelische.

En Gruaß an Sepp

Die Kommunion ist eine heilige Handlung, die für Katholiken noch ausgeprägter ist als für Protestanten, die mehr Skepsis gegenüber rational nicht erklärbaren Vorgängen haben.

Erstaunlich ist dabei, dass die katholischen Pfarrer im ländlichen Raum beim Übergeben der Oblate manchmal noch kleine Botschaften »nebenher« vermitteln. So zum Beispiel ein Pfarrer im Hohenzollerischen, der dabei einer gemeinsamen Verwandten »en Gruaß an Sepp« mitgab. Oder bei gleichem Anlass nach einer Wallfahrt einen Dorfbewohner erstaunt fragte: »Sag bloß, du bischt au mitglaufe?« Der Pfarrer kennt halt seine Pappenheimer.

Scheißlieder

Der Religionsunterricht durch Pfarrer ist oft eine Überforderung von Kindern und Geistlichen. Manchem Seelsorger wird dabei die Verweltlichung unserer Zeit klarer als bei den sonntäglichen Gottesdiensten, bei dem die Widerspenstigen gar nicht erst kommen. Im biblischen Unterricht gibt es für die meisten Kinder Namen und Geschehnisse, die im Fernsehen nicht vorkommen und sie deshalb nicht besonders interessieren. Eine Darstellung des biblischen Geschehens im Rahmen der Sesamstraße oder der Muppet-Show würde sich empfehlen, da der Widerstand der lieben Kleinen oft groß ist. Manche werden dies als frühe Emanzipation ansehen, manche nur als Flegelei. Lässt der Pfarrer zur Abwechslung ein Lied aus dem Kirchengesangbuch anstimmen, zeigt sich die Konkurrenz von David Hasselhoff und anderen, und es kommt vor, dass der gut gemeinte Vorschlag mit den Worten verworfen wird: »Emmer die Scheißlieder«.

Konfession als Schicksal

Die eheliche Verbindung zweier Menschen gilt zumindest bei der älteren Bevölkerung noch als der Normalfall des partnerschaftlichen Lebens. Manche warten gar etwas schamlos darauf, wie sich alte Singles mit sechzig, siebzig, achtzig noch den Buckel waschen wollen, ein Problem, mit dem sich bekanntlich schon die Beatles beschäftigten. Sie sahen diese Problematik schon bei den 64-Jährigen mit dem Lied: »Will you still need me, will you still feed me, when I'm sixty-four.«

Von den freiwilligen Singles zu unterscheiden sind die unfreiwilligen, wie eine tapfere, tüchtige Wirtin auf der Alb, die zum Erstaunen ihrer Gäste nie verheiratet war. Nur wenige kannten ihr Geheimnis. Sie hatte in den Dreißigerjahren einen Freund, mit dem sie wunderbar harmonierte. Die beiden wollten heiraten, aber ihre katholische Verwandtschaft bedrängte sie, den Verehrer aufzugeben, da er evangelisch sei. Dann sei der Krieg gekommen, und hinterher hätte sie sich an das Leben allein auch gewöhnt gehabt.

Kredite vom Andersgläubigen

Im katholisch-protestantischen Grenzgebiet zwischen Schwarzwald und Alb gab es keine Mauer und keinen Todesstreifen, aber moralische Barrieren. Ein Bürgermeister in einem katholischen Grenzdorf, der zugleich die Spar- und Darlehenskasse unter sich hatte, musste einst immer wieder wegen eines »Loches« in der Kasse seinen zehnjährigen Buben übers Feld in die nächste Gemeinde schicken, die streng evangelisch ausgerichtet war, um Kredit zu holen. Den bekam er auch, doch musste der unschuldige Bub sich stets eine Rede anhören, dass die Katholiken zu wenig schaffen würden. Sie kämen erst eine Stunde nach den Protestanten morgens aufs Feld und überhaupt, und überhaupt. Erst nach dieser Spezialkonfirmation durfte der kleine Kreditholer wieder heimgehen und fürchtete sich dabei schon vor der nächsten Standpauke.

Leider evangelisch

Seit dem großen Sozialwissenschaftler Max Weber hält sich die These, dass der Protestantismus dem Wirtschaftsleben förderlicher sei als der Katholizismus. Richtig ist, dass ausschlaggebend für den »reichen Norden« und für den »armen Süden« das bessere und ausgebautere Schulsystem ist. Auffallend ist, dass noch heute zum Beispiel das Büchereiwesen im Norden des Landes viel besser ist als im Süden. Auch in der Mentalität der Bosse gibt es noch heute höchst unterschiedliche Auffassungen. So unterhielten sich in Stuttgart vor einiger Zeit nachts um elf zwei Fahrer, wobei der eine der von Sparkassenpräsident Haasis war. Der andere, der aus dem Badischen kam, fragte ihn, halb unwillig, halb anerkennend: »Schafft dei Chef immer so lang? Descht doch net normal.« Doch der Fahrer von Haasis zuckte mit den Schultern und sagte nur: »Da kosch nix mache, der isch halt evangelisch!«

Das Kondominium

In den Ministerien in Stuttgart gibt es noch viele Verträge zwischen Staat und Kirche aus der Zeit nach Napoleon zu berücksichtigen, und manches Kirchengebäude wird im Wesentlichen nicht von der Kirche, sondern vom Land erhalten. Ein Kuriosum ist auch der gemeinsame Bibliotheksbesitz des Landes, ein Kondominium, mit dem Haus Thurn und Taxis im Kloster Untermarchtal.

Als der Bibliotheksreferent des Stuttgarter Wissenschaftsministeriums wegen einer offenen Frage, die beide Eigentümer anging, Fürstin Gloria von Thurn und Taxis in Regensburg anrief und mit den Worten beginnen wollte: »Durchlaucht, Sie wissen, wir haben ein Kondominium in Untermarchtal«, kam er nur bis Kondom…, dann fauchte Durchlaucht: »Was erlauben Sie sich, wissen Sie, wen Sie vor sich haben? Ich werde mich beschweren.«

Nun sollten auch Fürsten und Grafen erst hinhorchen, um was es eigentlich geht. Da die Fürstin aber heute den Umgang mit Kardinälen bevorzugt und vom »Schnackseln« wenig halten soll, kann so ein Fehler sich schon einschleichen.

Genug getrauert

Pietät hat Zeit

Mit der Pietät ist es »nemme des«. Das wissen nicht nur die Pfarrer und Lehrer, sondern auch die Leichenbestatter und natürlich auch die Polizei, die ohnehin alles weiß. Ein Schlaglicht auf diese Entwicklung warf der Unfalltod eines alten Mannes aus dem Schwarzwald. Als die Polizei seinen Enkel als letzten Verwandten ermittelt hatte und ihm die traurige Nachricht überbrachte, kam sie freilich sehr ungelegen. »Des goht jetzt net!«, herrschte dieser die erstaunten Polizisten an, »i kann jetzt kei Beerdigung brauche, mir flieget morge früh nach Mallorca, ond 's isch älles grichtet, des kann i meiner Familie jetzt net zumute. Wisset ihr was? Pietät hin, Pietät her, jetzt leget er den Opa halt so lang auf Eis, in zwei Woche sehn mer no weiter.«

Vespere muss sein

Wenn beim letzten Akt einer Beerdigung der Leichenwagen mit dem Sarg Richtung Krematorium fährt, werden auch die Augen Hartgesottener feucht. Das Bild des wegfahrenden Wagens symbolisiert das Abschiednehmen mehr als alle am Grab gehaltenen Reden. Irgendwann löst sich der Blick der Trauernden von dem schwarzen Gefährt, und der Wagen fädelt sich in den Straßenverkehr ein. Umso entsetzter war eine Trauergemeinde im fränkischen Teil des Landes. Kaum zwanzig Meter hinter dem Friedhofstor blieb der Leichenwagen stehen. Die Trauergemeinde, die ihm nachgesehen hatte, erstarrte. »Herzinfarkt des Fahrers«, dachten manche erschreckt, »Autopanne« andere. So angestrengt sie auf den Wagen starrten, es regte sich nichts. Ein mutiger Mann setzte sich schließlich in Bewegung und ging zum ohnehin unheimlichen schwarzen Wagen. Er erwartete keine Bombe, aber zumindest einen ohnmächtigen Fahrer. Näher gekommen hörte er schon fröhliche SWR4-Musik, und am Fahrersitz angelangt, blieb ihm fast die Spucke weg. Der Fahrer verzehrte ein gut belegtes Brot zu einem Becher Kaffee. Dazu las er eine reich bebilderte Zeitung. Zum Trauernden meinte er nur: »Ischt was? Mer muaß doch au amol veschpere.«

So war es nicht

Widerspruch gehört in Deutschland seit langem zum guten Ton. Vorbei die Zeiten der pauschalen Zustimmung zu allem und jedem. Familien streiten sich nicht nur in Erbsachen, sondern auch im Alltag, vor allem, wenn nur ein Fernsehgerät im Haus ist, und jeder in der Familie ein anderes Programm sehen will. Vielleicht kommt im Grundgesetz einmal eine Änderung, die jedem einen persönlichen Fernseher garantiert.

Der Rechtsstaat bietet Rechtsmittel für jeden, und eine Besonderheit bietet das Verfassungsgericht, bei dessen Entscheidungen ein Richter im Urteil seine abweichende Meinung äußern kann.

Ungewohnt ist noch, dass bei einer Leichenrede eines Pfarrers Widerspruch aufkommt und aus der Trauergemeinde die Rede des Pfarrers ergänzt und widerlegt wird, wie vor kurzem in einer Schwarzwaldgemeinde.

Der Pfarrer war neu in der Gemeinde und hatte sich bei der Witwe des Verstorbenen über diesen kundig gemacht, wobei diese ihren Krupf über den Saufer und Tagdieb, wie sie ihn nannte, kräftig leerte. Was der Pfarrer nicht wusste, war, dass dieser im Dorf durchaus beliebt war wegen seiner humorvollen Art und seiner großen Hilfsbereitschaft.

Als die Leichenrede folglich sehr einseitig wurde, fiel die Tochter dem Pfarrer ins Wort und rief laut vernehmbar: »Aber i han en möge, und viele andere au!«

Eine Beerdigung auf dem Heuberg

Der Heuberg, der Kleine wie der Große, ist eine raue Gegend. Rau sind dort auch viele Menschen, und hart die Moral, um zu überleben. Dies zeigte sich auch bei einer Beerdigung in den Achtzigerjahren in einer Heuberggemeinde. Verstorben war ein altlediges Fräulein, fast neunzig Jahre alt. »Die hat au ihr Lebtag koin Mann ghet«, hieß es nach der Trauerfeier, halb mitleidig, halb boshaft. Man wies darauf hin, sie sei ein Kriegsjahrgang gewesen, aus dem viele Männer gefallen seien, andere meinten, sie hätte von zu Haus nichts gehabt, so dass sie keine gute Partie gewesen sei. Der Altbürgermeister, der dies hörte, wusste es aber besser: »Des arme Mädle hot in den Dreißigerjahren mit oinem vom Heuberg poussiert, und no hot ihr Mutter gsagt: ›Den nimmsch mir net, der hot a Fahrrädle, so oiner kommt viel zu viel rom.‹«

Abgestufte Trauer

Eine Testamentseröffnung ist eine recht spannende Sache, und es verbreitet sich manchmal eine Stimmung wie bei Gericht, nur dass es keinen Verteidiger mehr gibt und weder Berufung noch Revision. Voller Erwartung waren denn auch bei einem Notar im Schwäbischen Wald drei Brüder angetreten, deren Vater verstorben war. Alle drei in Volltrauer, »wie es sich gehörte«. Der Notar hatte es schon oft erlebt, dass Erben unzufrieden waren, erlebte aber bei dieser Testamentseröffnung etwas durchaus Neues. Kaum hatte er das Testament verlesen, riss der jüngste Bruder mit den Worten »Für des bissle Geld ischt gnug trauert« seine schwarze Krawatte herunter und ging grußlos davon.

Dumm gelaufen

Die katholische Kirche hat sich in der gebotenen Gemessenheit einer zweitausendjährigen ehrwürdigen Institution auch der Gleichstellung der Frauen höchst vorsichtig angenommen. Immerhin dürfen Mädchen schon Ministrantinnen werden, da auf dieser Ebene nicht viel passieren kann. Sollte man meinen.

Die Gefahren drohen denn auch nicht von virtuellen Päpstinnen oder dogmatischen Dissidentinnen, sondern von den Gefahren des Ministrantinnendienstes selbst. Auch wenn es eine Tatsache geworden ist, dass Frauen robuster, intelligenter, zäher und überhaupt in allem viel besser sind, kann es vorkommen, dass ein Mädchen etwas zarter ist als ein Bub. So ist auch ein Unfall zu erklären, der sich auf einem Friedhof im Süden des Landes abspielte. Eine kleine Ministrantin schwenkte den Weihrauchkessel so mitreißend, dass sie, vom Duft betört, ohnmächtig wurde und ins offene Grab fiel. Die Trauergemeinde erstarrte, doch fanden sich beherzte Männer, die das arme Mädchen wieder herausholten und Platz für die Leiche machten.

So was gibt's au

Wissenschaftliche Kehrwoche

Die Volkshochschulen haben es nicht leicht im Lande. Ab und zu gelingt ihnen aber ein Treffer, der ihnen zu bundesweiter, ja fast europäischer Publizität verhilft. Ein solcher Coup gelang vor ein paar Jahren der VHS Calw. Sie kündigte wohlweislich unter dem Datum des 1. April ein Kehrwochenseminar an, um diese alte Tugend wieder neu zu beleben.

Das Echo war überwältigend. Frauen meldeten mit oder ohne deren Wissen ihre Ehemänner an, Gemeinden ihren vollständigen Bauhof, Einzelbewerber von überallher wollten ihre Qualifikation steigern, und selbst aus England kamen Anfragen. Vor allem berichtete die gesamte deutsche Presse, was ja das Höchste ist, was man durch eine Idee erreichen kann.

Inzwischen scheint die Zeit wieder reif für so ein Experiment. Vielleicht aktualisiert mit Dieter Bohlen und Heidi Klum mit ihrer Kinderschar als Germanys next Kehrwöchner, dann käme bestimmt auch das Fernsehen!

Au?

Die Zeit, in der samstags Frauen und Männer fast wie gedrillt Treppenhäuser, Gehwege und Straßen (bis zur Hälfte) reinigten, ist auch in Württemberg, im Kernland der Kehrwoche, vergangen. Bezeichnend war, dass es nach dem Protokoll des Holzhausener Gemeinderats vom 21. Juli 1821 einen Streit zu schlichten gab, welchen Anteil der Straße die jeweilige Hausfrau fegen durfte! Man lässt sich ja sein Territorium nicht einfach wegnehmen. Stattdessen wurde die Kehrwoche zum Mythos, freilich einem Mythos von Sisyphos, kommt doch der Schmutz schon wieder, kaum dass man mit dem Putzen fertig ist. Da wundert's einen nicht, dass Universitätspsychologen herausfanden, der Sinn der Kehrwoche liege darin, Platz für neuen Schmutz zu schaffen.

Das gemeinsame Reinigen am Samstag war – selbst bei der Bundeswehr – ein gemeinschaftsstiftendes Ereignis. Ein klares, zu bewältigendes Ziel mit Erfolgsgarantie, wo gibt es so etwas noch, ein kollektives Glück durch zielführende Arbeit. Sogar eigene Sprachformen entwickelten sich bei den Kehrwöchnern von unübertreffbarer Kürze.

Kein Wort zu verschenken war für Kehrwöchner typisch. So kamen zwei emsig Fegende an der

Grenze ihrer Reviere aufeinander zu und begrüßten sich kurz und ausreichend mit »Au?«

Sprachunterricht durch Türken

Von alteingesessenen Türken zu sprechen, käme heute wohl noch niemand in den Sinn, würde man bei diesem Attribut doch allenfalls im Scherz an einen Ostpreußen oder Sudetendeutschen denken, der sein Häusle zum zweiten Mal umbaut. Dennoch gibt es Grade der Assimilierung von Einwanderern, die höchst erstaunlich sind, wie Karl Napf feststellen konnte. Er erkundigte sich am Esslinger Bahnhof im besten Schwäbisch nach der Stadtbücherei in der Heigass. »Nix Heigass«, erklärte ihm ein türkischer Taxifahrer, »Heugasse, bitte, Heugasse«. Karl Napf musste ihm Recht geben und zog etwas beschämt von dannen.

DDRisch

Der Kalte Krieg war in der deutschen Geschichte eine furchtbare Periode. Dabei galt doch eine einfache Abgrenzung, der Westen war gut und der Osten bös. Selbst die Geburtsorte galten manchen als kontaminiert. Fast peinlich war es gehobenen Stuttgarterinnen, wenn sie als Geburtsort Tilsit oder gar Mährisch-Ostrau angeben mussten, weil der Vater im »Dritten Reich« dahin versetzt worden war. Immerhin hatte die jähe Teilung durch Mauer und Stacheldraht viele Familien zerrissen, doch ab und zu bekamen im Westen etablierte Familien Besuch aus der Zone. Beide Seiten bemühten sich, freundlich zu sein, zur Herzlichkeit fehlte die Vertrautheit. Oft riss der berüchtigte Kindermund die nationale Wunde auf. Nach dem Essen meinte das Töchterle anerkennend zur Tante aus dem Osten: »Du sprichst aber sehr gut Deutsch«. Diese ließ sich ihr Entsetzen nicht anmerken und fragte: »Ja, was hast denn du gemeint, was wir drüben sprechen?«

»Ja«, antwortete das Mädchen, »ich habe geglaubt, so DDRisch.«

Wann macht der Schwarzwald auf?

Die Reisebranche ist weltweit ein wichtiger Wirtschaftszweig geworden und jeder siebte Arbeitsplatz sei vom Tourismus »generiert«, wie moderne Leute heute sagen.

Da prallen die Kulturen und Unkulturen manchmal hart aufeinander, und manch seltsame Vorstellung wird »generiert«.

So ging in Stuttgart vor nicht allzu langer Zeit eine Anfrage von einem Ehepaar aus den USA ein, man wolle Baden-Württemberg und vor allem den Schwarzwald besuchen, ab wieviel Uhr der geöffnet habe. Man dachte nach, und manche glaubten, die Amerikaner würden den Schwarzwald mit einem Freilichtmuseum verwechseln. Andere glaubten, man denke an Schonzeiten, die es ja für das Wild auch gäbe. Schließlich ließen die Experten »die Frage im Raum stehen« und schrieben nach Amerika sinngemäß: Der Schwarzwald ist »opened 24 hours a day«.

Well done.

Das Regierungszügle

In Baden-Württemberg konnte man vor lauter Stolz auf die Spitzenplätze des Landes in der Regierung oft nicht mehr sehen, dass auf viele die Litanei der Spitzenplätze eher negativ und aufschneiderisch wirkte. Völlig übersehen wurde, dass im ländlichen Raum oft noch etwas Idylle mit der Politik verbunden blieben.

Ministerpräsident Teufel reiste zum Beispiel fast täglich mit einem ganzen normalen Eilzug von Spaichingen an. Dort stieg ein Sicherheitsbeamter zu, und schon in Rottweil wurde es dienstlich, wenn die Sekretärin und ein Fraktionskollege einstiegen.

Letzterer wurde auf später vertröstet, denn nun ging die Bearbeitung der Post an, während das Wichtigste aus der Zeitung bis Rottweil vom Ministerpräsidenten schon gespeichert war. »Der Bürgermeister von Wellendingen wird sechzig«, sagte die Sekretärin, »was machen wir da?« »Glückwunschschreiben reicht«, beschied der Chef. »In Trossingen sind sie mit dem Zuschuss zur Kläranlage nicht zufrieden«, ging es weiter. »Ja, Gott, da könnt ja jeder kommen, geben Sie's an die Fachabteilung«, knurrte der Herrscher.

Schon war man in Horb. Es wurde voll. Ein leibhaftiger Staatssekretär stieg zu. Fachliche Probleme hatte er keine, wollte den MP aber schon vorab zu seinem 50. Geburtstag einladen, er brauche nichts mitzubringen.

Auch etliche Beamte stiegen zu und lasen diensteifrig Zeitung. Nur einer schlief schon in Eutingen ein und seufzte beim Einlaufen in den Stuttgarter Bahnhof frei nach Mörike: »So kommt der Tag heran, oh, ging's nur wieder heim!«

In der Stuttgarter Straßenbahn

Die gute alte Rumpelstraßenbahn in Stuttgart hatte für viele noch etwas Gemütliches. Sie gehörte der Stuttgarter Straßenbahnen Aktiengesellschaft und war nicht nur aus der Karibik geleast wie heute. Immer wieder kam es damals auch zu hochinteressanten Unterhaltungen.

So war einmal eine echte Stuttgarter Hausfrau im Gespräch mit einer Reingeschmeckten und fragte sie: »Ischt Ihr Mann immer noch so krank?« Doch diese erwiderte bedrückt: »Schtellet Se sich vor, er isch schon vor vier Monate gschtorbe«, und dazu schluchzte sie diskret. »Oh je«, meinte ihre Gesprächspartnerin im Versuch, sie zu trösten, »no hot er's ja jetzt besser.«

Allzeit bereit

Viele Menschen haben ein »einnehmendes« Wesen. Man sagt, sie wären »vom Stamme Nimm« oder belegt sie mit ähnlich freundlichen Ausdrücken. Diese Grundhaltung überschneidet sich manchmal mit der Empfänglichkeit für den sogenannten »Handbalsam«, eine diskrete Form der Korruption, durch die manches erst möglich, anderes erst unmöglich wird. Der Dichter Martin Walser ist als großer Befürworter der Korruption aufgetreten, was zu denken gibt. Andererseits wiegt das Urteil eines Schriftstellers im heutigen Medienwirbel nicht sehr viel. Träte der Papst oder ein Bundeskanzler für die Korruption ein, wäre dies schon anders. Die Entwicklung bleibt abzuwarten.

Heute muss man sich einstweilen mit Amateuren begnügen wie einer Stadträtin in einer großen württembergischen Stadt. Bei allen kommunalen Terminen schleppte sie eine große Ledertasche mit sich herum. Auf die Frage eines Kollegen, zu was sie eigentlich dieses Monstrum brauche, erklärte sie entwaffnend: »Ha, wieso, des isch doch gschickt, wenn mer ebbes gschenkt kriegt.«

Vielseitiger Dichter

Josef Eberle war nicht nur als Herausgeber der Stuttgarter Zeitung ein liberaler Glücksfall, sondern ist auch als Autor in Erscheinung getreten und gilt bis heute als einer der subtilsten und lyrischsten Mundartdichter in Schwaben – sein Pseudonym Sebastian Blau ist landauf, landab bekannt. Eberle verfasste sogar meisterhafte Gedichte auf Latein. Dies verwunderte so manchen, liegt das Latein und noch mehr das Altgriechische doch seit langem in einem zähen Sterbeprozess und wird vor allem durch das deutsche humanistische Gymnasium aufrechterhalten.

Entsprechend skeptisch fragte ein Besucher einmal Eberles Sekretärin, warum der Chef immer noch lateinische Gedichte mache.

»Ha, das ist doch geschickt«, meinte diese, »das ist für alle, die nicht Schwäbisch können.«

Do kennet Sie au net helfe

Es ist immer wieder tröstlich, dass auch hochgestellte Persönlichkeiten menschliche Schwächen zeigen. Die Darstellung dieser Defizite scheint zur letzten Aufgabe der europäischen Königshäuser zu werden, und auch in Deutschland freut man sich sehr über die Restbestände des Hochadels wie den »Pullerprinz« in Hannover.

Damit kann man in Württemberg dem Bürger nicht dienen, und dieser muss zufrieden sein, wenn es im Landtag »patscht«, und ein Minister einem Parteifreund eine schmiert. Warum auch nicht, dachten sich die meisten, er wird schon seine Gründe gehabt haben.

Höchste Alarmstufe bedeutete es für Karl Napf, als er einen leibhaftigen Bundesminister älteren Jahrgangs vor dem Landtag im Gespräch mit einem Bekannten heftig schimpfen hörte und gestikulieren sah. »Jetzt kracht's«, dachte er sich und näherte sich unauffällig. Der Minister wurde leiser, und Napf fragte höflich, worum es gehe und ob man helfen könne.

»Ach«, sagte der Minister, »'s goht um mei Schwiegertochter, die ko net spare, do könnet Sie au net helfe.«

Schöne Aussicht

Ein Proktologe ist ein Arzt, der sich auf die weniger edlen Körperteile der Menschen spezialisiert hat, mit anderen Worten, er ist Enddarmspezialist. Mit einem Stuttgarter Proktologen kam es einmal zu einem Dialog, der zeigte, wie weise so ein Arzt sein kann, auch wenn er sich nicht auf den Kopf, sondern auf den Enddarm konzentriert. Der Patient lag aufgebockt vor ihm und streckte ihm seinen Allerwertesten zur Behandlung einer Fistel entgegen. Mitfühlend sagte er zum Doktor: »Sie werden ein merkwürdiges Bild von der Menschheit bekommen.«

»Ach«, sagte der Arzt, »vielleicht ist es das richtige!«

Von sotten und sotten

Der Wetag

Mitten im Schwabenland grassiert die Unkenntnis des Schwäbischen als Folge der Wanderungen und Vertreibungen aus anderen Ländern und innerhalb Deutschlands selbst. Selbst Verlage und andere Kultureinrichtungen legen keinen Wert mehr darauf, den Bereich »Schwäbisch« mit Sach- und Sprachkennern zu besetzen.

Selten traten die Sprachdefizite so zutage wie in einem mit Leidenschaft geführten Mietprozess, der in den Worten gipfelte, der Vermieter habe den Mieter vor Zeugen einen »Wetag« geheißen, was ja wohl das Letzte sei. Die Zeugen bestätigten die Aussage »Wetag«, wussten aber, da sie aus Iserlohn stammten, nicht die Bedeutung dieses Ausdrucks. Die Rechtsanwälte ebenfalls nicht und der Richter schon gar nicht, da er aus der Uckermark kam. Der Mieter beharrte darauf, dass er sich diese ungeheure Beleidigung nicht gefallen lassen müsse, sie sei geradezu eine Verwünschung.

Guter Rat war teuer. Der Richter unterbrach die Sitzung für eine Stunde und schickte den Referendar in die Ortsbücherei nach einem schwäbischen Wörterbuch, die Anwälte gingen zu einem Anwaltsfrühstück, das heißt, einem Kaffee und einem Cognac, die Zuhörer ergingen sich bei einer Zigarette, und alles harrte der Fortsetzung dieser Verhandlung, bei der der Richter nun endlich das Ergebnis der sprachlichen Recherchen bekannt gab: Wetag, ein verächtlicher Kerl, ein schlechter, bösartiger Mensch, der zu nichts zu gebrauchen ist.

Das reichte!

Bürgerstolz

Bei einer Feier wurde breit diskutiert, dass ein Bankdirektor aus dem Städtchen für seine Geliebte in der Nachbarstadt eine Wohnung gekauft hätte, um seine Besuche diskret vor bösen Zungen zu verbergen. Moralische Verachtung und Spott kannten keine Grenzen, wie man so etwas machen könne.

Auf dem Heimweg aber kam es schon zu einer differenzierteren Betrachtung, als die Frau eines Maklers zu ihrem Mann zufrieden sagte: »I bin froh, dass du so ebbes net machsch, aber gell, leiste könnte mir uns des au!«

Schlaget en tot

Zwischen Ebingen und Tailfingen tobten früher Fußballderbys, die an Härte kaum zu überbieten waren. Bei einem dieser Spiele setzte vor allem der Mittelstürmer der Ebinger den Tailfingern sehr zu, so dass die Tailfinger Schlachtenbummler extrem nervös wurden.

Als der Ebinger wieder angriff, löste sich die Spannung im Schrei eines damals gut situierten Trikotagenfabrikanten: »Schlaget en tot, i zahl's!«

Heute würde keiner der verbliebenen Trikotfabrikanten einen so hohen Einsatz mehr wagen, sondern höchstens die Trikotwerbung kündigen. Der Mittelstürmer blieb übrigens am Leben.

Liebe zum Gestein oder: Der Nautilus unter dem Christbaum

Auf der Schwäbischen Alb sind schon vor dreißig- bis vierzigtausend Jahren bewundernswerte Skulpturen und selbst Musikinstrumente entstanden. Vielleicht kommt es daher, dass die

Liebe zu Versteinerungen bei uns auch heute noch sehr ausgeprägt ist.

Ein Sammler von Petrefakten, wie man diese auch nennt, hatte einem großen Museum für eine Ausstellung einen so genannten Nautilus zur Verfügung gestellt. Als die Ausstellung erfolgreich war und über den Jahreswechsel verlängert wurde, schrieb er dem Museum, das ginge für sein Ausstellungsstück nicht. Über Weihnachten würde er seinen Nautilus schon gern daheim haben.

Man sieht, der Schwabe will an Weihnachten seinen Besitztum um sich sehen, nicht nur die Familie, sondern auch sonst Wertvolles. Erst dann stimmt die Chemie, wenn er im Zweifel seine Lieblinge auch mal streicheln kann, und seien es Steine.

Nichts für Schiffbrüchige

Schwiegermütter gelten heute im Zeichen der politischen Korrektheit als durchaus ehrenwerte Persönlichkeiten und sind es durchaus auch oft, fahren sie doch manchmal jeden Tag über hundert Kilometer, um ihre Enkel zu hüten. Sowohl bei Ehen von Kindern zwischen West- und Ostdeutschland sowie bei Nord-Süd-Verbindungen gibt es aber immer wieder Differenzen und Prestigefragen, die sich aus den Milieuunterschieden und regionalen Besonderheiten der jeweiligen Herkunft ergeben.

So las ein Erzschwabe einmal nach dem Frühstück befriedigt aus der Zeitung vor, dass das Spendenaufkommen für soziale und kulturelle Zwecke in Süddeutschland viel höher sei als in Norddeutschland. Die Schwiegermutter, von der Küste kommend, schwieg zunächst, und dann kam vehement die Retourkutsche: »Aber für die Schiffbrüchigen tut ihr gar nichts!« Peng!

Ischt au gar net neetig

Direktheit in Rede und Stil war früher ein typisches Merkmal der alten Württemberger. Die Aussage »Im Deutschen lügt man, wenn man höflich ist«, die Gotthold Ephraim Lessing prägte, hätte in Württemberg entstanden sein können.

Man war deutlich und knapp an der Beleidigung vorbei. Dazu ein Beispiel: Der weltläufige Stationsvorsteher der Bahn sagte auf einem Tanzstundenball in einem Oberamtsstädtchen zur Mutter einer Tanzstundendame, die an seinem Tisch saß: »So ein

Ball ist doch etwas Tolles, man würde sich sonst gar nicht kennen lernen.« Doch diese antwortete ungerührt, geradezu cool: »Ha, descht doch au gar net neetig!«

Die gute alte Zeit

In den Dreißigerjahren des letzten Jahrhunderts starb in einer von der Landwirtschaft geprägten Region eine Bäuerin im Kindbett. Das Kind überlebte, aber niemand war da, der es hätte pflegen und aufziehen können. Entnervt rannte der Bauer zu seinen Schwiegereltern und stieß hervor: »Ich brauch a Frau!« Lange herrschte betretenes Schweigen, dann sahen der Bauer und die Schwiegereltern immer häufiger auf Anna, die um ein Jahr jüngere Schwester der Verstorbenen. »Du musst gehorsam sein«, meinten die Eltern, als der Bauer draußen war, und so kam es. Sie trat die Ehe ihrer Schwester an, und die Ehe wurde nicht schlechter als andere um sie herum. Wo man viel schaffen muss, hat man keine Zeit, von Hollywood zu träumen, und die Kinder, die sich einstellten, waren nicht des Glückes, aber der Pflichten Unterpfand.

Bemerkenswert bleibt, dass sich selbige Geschichte bei uns im Lande abspielte und nicht in Anatolien oder Persien.

Demokraten aber au net

Die Revolution 1848 fand in ganz Europa statt mit zum Teil pittoresken Szenen.

In Ungarn wurde sie durch Sándor Petöfi, einem Schauspieler und Schriftsteller angeführt, in Berlin – man höre – als größter Erfolg das Rauchen in der Öffentlichkeit freigegeben und so halb und halb fand sie auch in den Fürstentümern Hechingen und Sigmaringen statt. In Steinhofen bei Hechingen zogen die Bauern vors Schloss und schrien laut: »Es lebe die Freiheit!« Als der Fürst hinter dem Vorhang des Schlossfensters hervorlugte und ein böses Gesicht machte, riefen sie artig: »… ond dr Fürscht.«

Als Sigmaringen preußisch wurde, verkündete dies der Pfarrer von der Kanzel und ergänzte, dass die Sigmaringer dies ob ihrer Sünden wegen auch nicht anders verdient hätten.

So einfach war damals die Macht noch zu begründen.

Ehre um Ehre

In allen Ministerien finden sich Beamte, die sich ihres Wertes voll bewusst sind und sich dabei in ihrer Bedeutung oft gewaltig überschätzen. Aber auch manch graue Maus ist dort zu finden, die sich nur allzu bewusst ist, dass sie nur ein Rädchen im Getriebe ist und viel weniger Streicheleinheiten bekommt, als sie therapeutisch nötig hätte.

So war ein Amtsrat in einem Stuttgarter Ministerium auf die Idee gekommen, jedes Jahr seinen Stellenwert zu messen. An seinen Geburtstagen hielt er fest, wer persönlich gratulierte, ob mit Geschenk oder ohne. Desgleichen, wer ihm schriftlich mit oder ohne Geschenk die Ehre erwies oder nur – zwangsläufig ohne Geschenk – per Telefon oder Mail.

Noch wunderlicher wurde er, als er gegen Ende seiner Dienstzeit ein Verzeichnis derer anlegte, die ihm Dank schuldig seien.

Seine Beerdigung hat er zum Glück nicht beobachten können. Es waren nur wenige, die ihm die letzte Ehre gaben.

Süßes und Saures

Geld hen mir selber

Mehr sein als Schein ist ein Prinzip aus einer Zeit, die auf Moral und Tugend mehr Wert legte als heute. Heute könnte man formulieren: Alles ist Schein, auf das Sein kommt es nicht mehr an. Auf dem Land gibt es aber auch hierzu noch manche Überraschung, und Visionäre reden davon, das Land müsse aus dem Wesen des ländlichen Raumes wieder erneuert werden. Selbst das snobistisch-elitäre »Schäbigkeitsprinzip« ist da und dort noch festzustellen. Man schlappt so bescheiden gekleidet daher, dass niemand vermutet, was an Substanz noch vorhanden ist. Diese Erfahrung musste auch ein Stuttgarter Immobilienmakler machen, der es auf ein schönes Grundstück einer großen Wiese am Waldrand mit Blick auf die Schwäbische Alb abgesehen hatte. Da deren Horber Eigentümerin über mehrere Bauplätze verfügte, hoffte er, diese Bambiwiese, wie er sie schon nannte, leicht zu erhalten, blitzte aber mehrfach ab. Deshalb entschloss er sich zu einem Generalangriff. Die Eigentümerin saß in ihrer fleckigen Kittelschürze in der Küche und putzte Salat, als der Makler mit einem Koffer voll mit 500-Euro-Scheinen erschien und den Inhalt auf den Küchentisch leerte mit den Worten: »Das gehört alles Ihnen, wenn Sie mir Ihre Wiese verkaufen!« Doch die Eigentümerin dachte nicht daran, schob das viele Geld über den Tisch und sagte cool: »Geld hen mir selber, ade!«

Systemfehler

Bei einer Veranstaltung für ältere Menschen in einer Schwarzwaldgemeinde waren auch die beiden Pfarrer des Dorfes anwesend. In der Pause fragte der Entertainer den katholischen Geistlichen, warum die Kirche sich moralisch fast ausschließlich auf den § 218 konzentriere und zum Beispiel zur Lüge, die sich auch verheerend auswirke, nichts sage. Der Pfarrer stutzte eine Sekunde und erwiderte dann: »Gegen die Lüge kann man nichts machen, darauf beruht unser ganzes System.« Napf erschrak über die Offenheit, da das Programm aber weiterging, konnte er nicht einmal fragen, welches System der Geistliche gemeint habe, das weltliche oder das religiöse oder gar beide.

»Hier ist der Bahnhof Rottweil«

Eines Abends lag der Pendler schon im Bett und las noch ein wenig. Eine wichtige Aufgabe der Literatur, über die nie geredet wird, ist es ja, den Menschen in den Schlaf »nombhelfen« zu können. Doch damit war es zunächst nichts. Das Telefon schellte, und es meldete sich der Bahnhof Rottweil: »Grüß Gott, Herr Jandl, haben Sie heute abend im Zug Ihren Geldbeutel verloren?«

»Dies werden wir gleich haben«, sagte dieser und sah nach. Dankbar erwiderte er dem Schaffner: »Sie haben wohl recht, der Geldbeutel liegt nicht an seinem Platz.«

»Kein Problem«, tönte es wieder aus Rottweil, »wenn Sie morgen fahren wie immer, bringe ich ihn mit.«

Napf bedankte sich mit einem Büchle bei dem liebenswürdigen »Bahner« und freute sich sehr, dass das Denken von Mehdorn sich noch nicht überall durchgesetzt hatte.

Nach Freudenstadt nur im Wintermantel

Nach Freudenstadt immer einen Wintermantel mitzunehmen, erscheint vielen das ganze Jahr angebracht, ist es dort doch immer einen Kittel kälter. Dass diese Weisheit aber auch für das dortige Panoramabad gilt, wurde für einen Horber eine leidvolle Erfahrung. Er hatte Urlaub und wollte den Tag zum ausgiebigen Schwimmen in dem renommierten Bad nutzen. Doch nach einer Stunde gellte es: »Alarm, Alarm, bitte verlassen Sie sofort das Bad!« Schwimmer wie Nichtschwimmer und Saunabesucher mussten im Badhösle oder nur mit dem Handtuch bekleidet das geheizte Bad verlassen und draußen in der kalten Märzluft bibbernd und schnatternd über zwanzig Minuten warten, bis sich herausstellte, dass es sich nur um eine Übung handelte und sie wieder in das wohlig warme Badewasser zurückdurften. Ein rechtes Erlebnisbad hat halt auch außerhalb des Wassers etwas zu bieten.

Oberbürgermeistersau

Eliten sind dadurch definiert, dass sie mehr Pflichten als Rechte haben und sich dem Gemeinwohl mehr verpflichtet wissen als ihrem eigenen. Solche Eliten hat es in Preußen und im alten Württemberg durchaus gegeben, während man sie heute vergeblich sucht.

Heute werden Eliten oft mit den Besserverdienenden verwechselt oder gar als Konsumelite.

Schwierig wird es, wenn Vertreter dieser neuen Elite in einem Dorf alter Art wohnen, wo die Mühsal des Lebens noch spürbar ist, und die Kinder des neuen Ortsadels eine Sonderstellung haben, weil bei ihnen anscheinend andere Regeln gelten. Zum Beispiel, dass sie ein oder zwei Tage vor den Ferien mit den Eltern in Urlaub fahren dürfen. Als so ein Töchterchen des Bürgermeisters wieder einmal mit ihrem Urlaub angab, war die Klasse äußerst neidisch, und eine Bauerntochter machte ihrem Herzen Luft und rief: »Hau bloß ab, du Oberbürgermeistersau!« Und bereicherte dadurch zugleich die deutsche Sprache durch ein bildkräftiges Wort.

Nun danket alle Gott

Der Choral »Nun danket alle Gott« ist einer der kraftvollsten im kirchlichen Leben und dient vor allem der Freude nach der Überwindung schwieriger und gefährlicher Situationen. Dazu gehört normalerweise die Eröffnung von Ortsbüchereien nicht. Als ein Bürgermeister aber die festliche Musik zur Eröffnung einsparte, kam die findige Bibliothekarin auf die Idee, den evangelischen Posaunenchor einzusetzen, in dem ihr Mann schon zwanzig Jahre Mitglied war. Der Chor spielte mit Bravour vor dem Napfschen Vortrag, in der Pause und als Karl Napf fertig war, mit voller Kraft »Nun danket alle Gott«. Dies, versicherte die Büchereileiterin, sei aber nicht als Beleidigung gedacht, sondern im Gegenteil, als besonders feierlicher Ausklang gedacht gewesen.

Das gepfiffene Largo

Haben Sie sich schon einmal überlegt, wie man Händel in Kasachstan, gar in der Steppe, aufführt? Sinfonieorchester sind dort mehr als rar, und man muss improvisieren. Dass dies geht, wurde dem staunenden Publikum klar, als Aussiedler aus Kasachstan im Schwäbischen ein Fest feierten.

Obwohl diese von der Bundesregierung angelockt worden waren, um die Sozialversicherung hier zu stabilisieren, wurden sie allgemein wenig liebevoll als »Russen« bezeichnet, und kulturell traute man ihnen außer Folklore nichts zu.

Umso größer die Überraschung, als im Programm der Veranstaltung das Largo von Händel als Höhepunkt erschien, aber ganz im Gegensatz zu den hiesigen Usancen virtuos auf den Fingern gepfiffen. Auch das muss man können, mit Orchester ist es ja leicht.

Romeo und Julia heute

Eine Kleinstadt, noch mehr ein Dorf, ist auch heute noch von unsichtbaren Rangordnungen durchzogen. Diese beruhen auf großen Sippen, Grundbesitz, Alter am Ort und beruflicher wie gesellschaftlicher Stellung. All dies macht den »Ortsadel« aus. Schwierig wird es, wenn die Liebe diese oft über Jahrhunderte gleiche Rangfolge durchkreuzt.

Diese gesellschaftliche Katastrophe ereignete sich einst auch im sonst gesitteten Horb. Ein Ingenieur (immerhin) wollte die Tochter eines Arztes (immerhin) heiraten. Die Sippe des Arztes war entsetzt über die Mesalliance, die sich abzeichnete. Die potenzielle Schwiegermutter des Ingenieurs griff zu einem scharfen Schwert, als sie ihre potenzielle Gegenschwiegerin sah, und herrschte sie an: »Wenn die zwei heiratet, kriegt mei Tochter auch nicht ein Hemmedle als Aussteuer mit.« Doch die Ingenieursmutter war nicht auf den Kopf gefallen und erwiderte trocken: »No schicket Se's halt neggedich, des isch meim Sepp sowieso 's liebschte!«

Horbiana

Horb, ein Biotop für seltene Menschen

»Noh lehn mir's halt, wie d' Horber 's Wetter.« Ein weit im Land bekannter Spruch, der darauf beruht, dass der Horber Stadtrat wegen des schlechten Wetters einen Wettermacher angestellt haben soll. Nachdem aber jeder über seinem Dach ein anderes Wetter wollte, sei man davon abgekommen, und seitdem würden die Horber mit obigem Spruch zitiert. Immerhin.

Horb ist herb

Eine Spruchweisheit, die noch heute stimmt. Absolut richtig für Geschäftsleute, Gastronomen, Oberbürgermeister, Ortsvorsteher, ledige Mütter, Intellektuelle, Atheisten, Kommunisten, Bundeswehrsoldaten, reiche Leute, arme Leute usw.

Stadt der kurzen Wege

Bei Horb, in Horb, durch Horb oder an Horb vorbei ist eine Frage weniger Sekunden. Viele Auswärtige suchen den Kern der Kernstadt, die Stadtmitte, was auch für Einheimische nicht einfach ist. Es ist ähnlich wie beim berüchtigten Fürstentum Liechtenstein, von dem es heißt: Tritt nicht daneben, tritt frisch herein. Man sollte in Horb ein Quiz machen, wo die Stadtmitte ist: vor der Drogerie, vor dem Café »Belle arti«, vor der Blumenhandlung Müller oder vor dem geistigen Zentrum, der Buchhandlung Kohler, oder irgendwie dazwischen.

Und dann: mei bissle Josef

Die Horber City ist so klein, dass Auswärtige sie oft gar nicht finden. Trotzdem ging eine Horberin von Rang, wenn sie einkaufen ging, nur »in vollem Ornat«, das heißt gut gekleidet mit Hut und Handschuh, Handtasche und ausreichendem Schmuck. Sie war eine sehr imponierende Erscheinung, woran es selbst viel größeren Städten oft mangelt.

Der eigentliche Clou war aber, dass ihr mit einigem Abstand ihr gebrechlicher alter Mann in bescheidenster Kleidung fast wie ein Hundle folgte.

Trotz aller Pracht befand sich die Horber Patrizierin schon jenseits des Klimakteriums, so dass die eheliche Beziehung längst in ein fürsorgliches herzenswarmes Verhältnis übergegangen war. Sie meinte es dann auch liebevoll und keineswegs herabsetzend, wenn sie ab und zu stehen blieb, sich umdrehte und sagte: »Jetzt will i auf ›mei bissle Josef‹ warten.«

Schneewalzer

Der Schneewalzer war auf dem Lande früher eine viel gefragte »reelle« Musik bei Veranstaltungen, die der Lustbarkeit dienen sollten.

Als Ende der Sechzigerjahre, nur etwa drei Meter von der Wohnung des Autors, die Diskothek »Zum Bunten Ritter« eröffnete, bestellte Karl Napf bei seinem Antrittsbesuch in der noch fast leeren Disko beim DJ dieses schöne Werk, das zwar nicht von Mozart war, aber für konventionelle Ohren viel schöner zu hören war als Heavy Metal. Der Schneewalzer, der schon manchen aus der Kurve trug, ließ leider auch ihn gegen das Podium des DJ prallen, und dann kam es. Der Jockey, dem dieser Besucher ohnehin nicht recht passte, schritt zur Rache und legte den beliebten Song »Wärst du Dussel doch im Dorf geblieben« auf. Von da an ward der Autor nie wieder in einer Disko gesehen und kam auch so durchs Leben.

Akupunktur auf Horber Art

Die Akupunktur ist keine Horber Erfindung. Von Krankenkassen noch immer skeptisch beäugt, wird diese Methode doch von etlichen Ärzten mit Erfolg praktiziert, wobei das höhere Verständnis für diese Therapie den Patienten oft noch abgeht.

So klagte eine Horber Patientin furchtbar über den Schmerz, den eine Nadel verursachte. Sie schlug dem Therapeuten vor, diese doch weiter oben zwischen Schulter und Hals einzustechen. Da sei sie nicht so empfindlich und habe dort ein Pölsterchen, da komme er auch leichter hinein Dieser aber lehnte ab, da er eine bestimmte Stelle treffen müsse, um die richtige Wirkung zu haben. Ein Nachteil der Akupunktur sei eben, dass man nicht da hineinstechen müsse, wo es am leichtesten geht, sondern dort, wo es die Chinesen schon seit Jahrtausenden erprobt hätten.

»Ja, wenn Sie sich nach de Chinese richtet«, protestierte die Patientin, »hau i doch große Zweifel, ob des au in Horb funktioniert.«

»Do dren spennet se« oder: Alles Übel kommt vom Wohlstand

Zur Wahlkampfzeit, wenn die Politiker aufs Land gehen, um sich nach »den Sorgen und Nöten« der Wähler zu erkundigen, die oft von ihnen selbst verschuldet sind, kommt es oft zum Durchbruch der Volksmeinung. Diese kann sich in Stuttgart oder Berlin nicht mehr artikulieren, da es am unmittelbaren Kontakt mit den Übeltätern fehlt. Anders noch auf dem Lande.

Der Vortrag eines Politikers in einer Dorfkneipe über den Ausbau der Infrastruktur, der Verbesserung des Bildungswesens und der Informationstechnik kam beim vorwiegend bäuerlichen Publikum denn auch gar nicht an. »Älles, was krumm isch«, monierte das vorwiegend ältere Publikum, »kommt vom Wohlstand, älles, kaputte Familien,

Rauschgift, Verkommenheit von Politik und Wirtschaft, älles Folge des Wohlstandes. Mir müsset zurück zu den Wurzeln.« Die Versammlung drohte zu kippen. »Wir können ja gleich eine Rückwärtspartei gründen, aber ohne mich«, argumentierte der Politiker, der dachte, wie leicht haben es doch die Kollegen in den Städten mit ihrem aufgeklärten Publikum.

Aber nichts half mehr. »Mir wellet zurück zu ehrlicher Arbeit, ehrlichem Lohn, Computer ond so Zeugs hen mir hier no nie braucht!« Der Staatssekretär zog die Notbremse und erklärte die Versammlung für beendet. Er ging schnell zu seinem Dienstwagen, zeigte auf die Wirtschaft und meinte genervt zu seinem Fahrer: »Do dren spennet se, die wellet den Wohlstand abschaffe, ond dabei hend sie gar koin.«

Eine Woche ohne Blutdruck

Ein Stuttgarter Arzt besuchte jedes Wochenende seine hochbetagten Eltern in Horb und betreute sie dabei gleich medizinisch.

Als er seiner Mutter einmal den Blutdruck messen wollte, ergab sich der Wert Null. Das Rätsel war rasch gelöst, die Batterie hatte sich gelöst, so dass kein Blutdruck angezeigt werden konnte. Weniger rasch beseitigt war die Besorgnis der Mutter, die nur mitbekommen hatte, dass das Gerät als Blutdruck null angezeigt hatte, und verängstigt war, dass sie womöglich schon die ganze Woche keinen Blutdruck mehr gehabt hatte.

Auf Gleis 5 laufen ein

Horb ist nicht immer herb, sondern hat auch einen spezifischen, manchmal selbstironischen Humor, selbst auf dem Bahnhof. Als einmal die »Kulturbahn« aus Tübingen schon in Mühlen, drei Kilometer vor Horb, schlappgemacht hatte, blieb den Fahrgästen nichts anderes übrig, als zu Fuß weiter Richtung Horb auf den Schienen zu laufen, da kein Omnibus aufzutreiben war.

Auf dem Horber Bahnhof wurden sie durch den Lautsprecher artig mit den Worten begrüßt: »Auf Gleis 5 laufen ein die Fahrgäste des in Mühlen liegengebliebenen Personenzuges. Es bestehen Anschlüsse per Bahn nach Pforzheim über Hochdorf, Nagold und nach Stuttgart über Eutingen und Herrenberg. Bitte beeilen Sie sich beim Umsteigen!«

Einer muss es machen

Der Fronmeister einer Horber Ortschaft besuchte mit seiner Frau die Familie der Tochter in Moskau, die es wegen des big business ihres Ehemannes dort hinverschlagen hatte. Gleich am zweiten Tag sah der wackere Fronmeister etwas, was er selbst in Horb selten zu sehen bekam.

Auf der gegenüberliegenden Straßenseite brach ein Haus in sich zusammen. Der Schutt machte die Straße unpassierbar, doch niemand machte Anstalten, ihn zu beseitigen. Am dritten Tag konnte es der wackere Schwabe nicht mehr mit ansehen, lieh sich Schippe und Schaufel und schaufelte die Straße frei, wozu er den Rest seines Urlaubes benötigte. So Leut gibt's auch in Horb!

Am Horber Wesen könnte vielleicht sogar Moskau genesen.

Bergprämie

Auf dem Lande ist das Zusammenleben der Menschen noch immer angenehmer und freundlicher als in der Stadt. Das Fernsehen ist überall dasselbe und höher ist der »Kulturverbrauch« auch in den Städten kaum, wo nicht wenige unter der Anonymität leiden. Dagegen kommt es auf dem Dorf manchmal sogar zu einer spontanen Freigiebigkeit, nicht nur, wenn eine Obsternte so reich ausfällt, dass sie ohne Verschenken von Obst nicht mehr verarbeitet werden kann.

Als die Eheleute Napf nach einer langen Radtour ihre Vehikel den steilen Berg zu ihrem Haus hinaufschoben, meinte eine alte Nachbarin: »Oh, ihr schwitzet schee, wo waret au ihr?« Frau Napf beschrieb den langen Weg von Rottweil und seufzte abschließend: »Und jetzt muss ich auch noch einen Kuchen backen, weil d' Schwiegermutter morgen kommt.«

»Also beim Kuche kann i helfe, als ob i des gwisst hett, han i heut zwei backe. Wartet, i bring en glei«. Nach den üblichen diplomatischen Verrenkungen bei Geschenken nahm Frau Napf freudig den Kuchen an. Auch das ist Horb.

Public Private Partnership – a rechter Bschiss

Da Deutsche selbst vom eigenen Staat nicht mehr ausreichend auf Deutsch unterrichtet werden, muss vor Lumpereien gewarnt werden, die ein englisches »design« tragen. Cross-Border-

Leasing war so ein Begriff, mit dem viele schwäbische Städte von amerikanischen Banken hereingelegt wurden, und eben auch Public Private Partnership, am besten übersetzt mit: Kosten und Verluste trägt die öffentliche Hand, Gewinne der private Partner.

Eine extreme Auffassung hierzu vertrat ein »Investor«, der jahrelang mitten in Horb eine Hoffläche, die dem Land Baden-Württemberg gehörte – pikanterweise neben der Polizei –, als privaten Parkplatz auf seine Rechnung vermietete. Wie sagt man: Das Geld liegt auf der Straße.

Resignation

Der Einzelhandel hat auf unseren Dörfern seit Jahrzehnten kaum eine Chance, und auch Versuche mit dörflichen Genossenschaften als Ladenbesitzer haben selten Aussicht auf Erfolg. Schon in den Sechzigerjahren kaufte man im Dorfladen meist nur, was man im Supermarkt der Kreisstadt vergessen hatte. Die Romantik dieser gemischten Warenhandlungen oder gar Kolonialwarenhandlungen mit Spezerei ist oft beschrieben worden. Aber mit Romantik war schon damals kein Geschäft zu machen.

Bezeichnend ist die Begebenheit, die Napf erlebte, als er von seiner Frau beauftragt wurde, eine (!) Zitrone zu erwerben, die sie gerade zum Backen brauchte. Im Lädle angekommen, genierte er sich schon beim erwartungsvollen Blick der Ladebesitzerin. Noch mehr aber, als er seinen Wunsch geäußert hatte und von dieser gefragt wurde: »Ja wie, a ganze?«

Sicher ist sicher

Das Leben der Opas ist meist schön. Probleme aber gibt es auch in dieser Lebensphase, manchmal schnell und unvermutet. Zum Beispiel, wenn der Opa mit der Morgenzeitung noch nicht fertig ist, die Oma beim Einkaufen und die Tochter ihm geschwind das Enkele »aufhängt«, weil sie dringend auf das Finanzamt in der Stadt muss.

Eine geniale Lösung fand ein Nordstetter Rentner. Er stieß einen Pflock in den Rasen, band das zweieinhalbjährige Mädchen mit einem Seil an, stellte einen Stuhl daneben und las in der schönen Morgensonne behaglich seine Zeitung weiter.

Standeswidriges Leasing

Auch Autohändler können königliche Kaufleute sein und Prinzipien wie zu Kaisers Zeiten haben, was unter Autohändlern freilich selten ist, vor wenigen Jahren aber noch vorkam. Ein Horber wollte »mangels Masse« einen neuen Pkw nicht kaufen, sondern leasen. Da aber stieß er auf den massiven Widerstand des Seniorchefs des Autohauses. »Sie als Beamter können doch kein Auto leasen, des ghört Ihne dann doch gar net, da kennet Se doch net amol drom rom laufe und sage, des Auto ghört mir. Leasing ischt doch nex für Sie, descht für Leit, die kei Geld hen, descht doch nex Solids.« Der Kaufwillige hatte Respekt vor dem grundsoliden Kaufmann, auch wenn er seine Grundsätze nicht teilen konnte. Er sah sich gezwungen, vierzig Kilometer flussaufwärts bei der gleichen Marke doch einen Wagen zu leasen.

Noch strenger war die Moral der Kfz-Mechaniker in diesem Betrieb. Immer wieder sagten sie zu ihrem Meister: »Diese Dreckkarre ghört einer Lehrerin. Und so Leut wellet unsere Kinder unterrichte! Du woiß ma älles.« So ist erwiesen, dass Moral das Geschäft verderben kann.

Bekenntnis zur Faulheit

Heute kaum noch zu glauben ist, dass Horb bis zur Kreisreform Anfang der Siebzigerjahre Kreisstadt war. Das Landratsamt war neben der Kirche in einem verwinkelten ehemaligen Kloster untergebracht, und genauso verwinkelt waren manche Beamte. Einem dieser Staatswächter war Karl Napf zur Ausbildung zugeteilt. Gleich am ersten Tag hieß es, es reiche, wenn er morgens um zehn kommen würde, der Chef selbst käme auch erst um diese Zeit, da es nicht Aufgabe des höheren Dienstes sein könne, den Berufsverkehr noch zu verstärken.

So war das Landratsamt Horb in vielem eine Spitzwegidylle, die überall dem modernen betriebswirtschaftlichen Denken zum Opfer fiel. Globale Bewegungen haben es eben so an sich, dass sie irgendwann auch nach Horb kommen. Immerhin dürfte der August Lämmle zugeschriebene Spruch »Bist du Gast in Horb, bist du Hahn im Korb« in der Kernstadt und manchen Teilorten noch stimmen. Probieren Sie's halt aus!

Der polychrome Oberbürgermeister

Leserbriefe gelten zu Recht als die Artillerie des Bürgers. Wie bei der Artillerie geht auch bei den Leserbriefen mancher Schuss daneben oder landet gar wegen Beleidigung vor dem Amtsrichter. Andere geben einer ganzen Stadt Rätsel auf, wie ein Leserbrief in Horb, der den Oberbürgermeister als »polychrom« bezeichnete. »Was soll das heißen, ein vielfarbiger OB?«, rätselten die Stammtische. »Morgens vor dem Spiegel wird er halt noch käseweiß sein«, meinte ein lebenserfahrener Stadtrat, »auf em Weg ins Gschäft wird er gelb vor Neid, wenn er sieht, wie weit andere es brocht hen, und vor em Rathaus rot vor Zorn wegen de Falschparker.«

»Oh je«, meinte ein anderer, »für so Leut sehe ich schwarz!«

Irgendwie peinlich

Die katholische Kirche in Deutschland kommt schon lange nicht mehr ohne Priester aus Afrika und Indien aus. »Das ist doch geschickt, erst haben wir die missioniert, und zum Dank kommen sie jetzt zu uns und missionieren uns«, meinte eine Frau zum Autor.

Auch in Horb waren in der Kirche häufig indische Geistliche tätig, die nach einer gewissen Zeit wieder nach Indien zurückkehrten. Zuvor machten sie ihre Runde beim Horber Klerus, um sich zu verabschieden. Einer dieser Kleriker war aber sehr erstaunt, als er dem Inder alles Gute in der Heimat wünschte, und dieser dann fröhlich meinte: »Oh ja, ich freue mich schon sehr, jetzt bald wieder unter intelligenten Menschen zu sein.«

I denk wie Sie

Ein großer Banker erzählte mir einmal, die härteste Zeit seiner Berufstätigkeit sei in Horb gewesen, als er zur Vorbereitung auf einen höheren Posten dort tätig war. Er war es gewohnt gewesen, schwierige Fragen mit seinen Leuten gemeinsam zu erörtern, was aber in Horb nicht möglich war. Wenn er seine Meinung äußerte und dann fragte, was die Mitarbeiter meinten, hieß es nur: »I denk wie Sie«, was nicht sehr fruchtbar gewesen sei.

Auch Fragen der Bonität seien dort ganz anders behandelt worden wie in Stuttgart. Wenn es zum

Beispiel hieß: »Mit dem war i en der Schul, der macht nex Krumms«, oder, »Der ischt en Ordnung, mit dem bin i um siebe Ecke nom verwandt«, dann behielten die Mitarbeiter mit ihrer Einschätzung sogar meist recht.

Immerhin

Ein Horber Arzt, den noch nie etwas aus der Fassung gebracht hatte, geriet bei einer älteren Patientin aus einem Teilort in leichten Zorn. Er hatte sie an den Orthopäden im Städtle überwiesen und musste sich anhören, da gehe sie nicht hin, da sei es immer so voll. Sie gehe lieber zum Doktor X, da käme man gleich dran und der sei auch viel freundlicher.

Dieser aber war Chirurg. Der sonst so coole norddeutsche Doktor regte sich wegen der Sinnlosigkeit und der entstehenden Kosten auf, was seiner Patientin aber egal war, immerhin habe der Doktor X ja auch Medizin studiert.